西华大学大健康管理促进中心资助：
养老机构外部健康行为空间的机理研究（课题编号jkgl2018-024）
大健康管理服务业发展模式研究（课题编号jkgl2018-022）
基于步行行为的健康干预式住区环境统计研究（课题编号jkgl2018-007）

养老机构
外部健康行为空间的机理研究

项勇　许强　熊仁恺 ◎ 著

中国经济出版社
CHINA ECONOMIC PUBLISHING HOUSE

北　京

图书在版编目（CIP）数据

养老机构外部健康行为空间的机理研究 / 项勇，许强，熊仁恺著.
—北京：中国经济出版社，2020.3（2023.9 重印）
ISBN 978-7-5136-5755-6

Ⅰ.①养⋯ Ⅱ.①项⋯ ②许⋯ ③熊⋯ Ⅲ.①养老院—运营管理—研究—中国
Ⅳ.① D669.6

中国版本图书馆CIP数据核字（2019）第133894号

责任编辑	张利影
责任印制	巢新强
封面设计	任燕飞工作室

出版发行	中国经济出版社
印 刷 者	北京建宏印刷有限公司
经 销 者	各地新华书店
开　　本	710mm×1000mm　1/16
印　　张	12.25
字　　数	200千字
版　　次	2020年3月第1版
印　　次	2023年9月第2次
定　　价	52.00元

广告经营许可证　京西工商广字第8179号

中国经济出版社 网址 www.economyph.com 社址 北京市东城区安定门外大街58号 邮编 100011
本版图书如存在印装质量问题，请与本社销售中心联系调换（联系电话：010-57512564）

版权所有　盗版必究（举报电话：010-57512600）
国家版权局反盗版举报中心（举报电话：12390）　　服务热线：010-57512564

PREFACE 前 言

我国人口老龄化在发展过程中具有基数大、发展速度快、"未富先老"和地区差异显著的特征。2017—2018年，我国陆续在医养结合、养老保险、鼓励民间资本、税收优惠、财政补贴、智慧养老等方面出台相应政策，规范了养老服务市场，进一步确定了政府在养老服务体系建设中的主导作用，养老模式也从过去的传统养老模式向智慧养老服务转型。但目前我国养老机构受到营利、城市布局和政策等影响，户外健康行为空间建设状况普遍较差，其外部健康行为空间缺失是我国养老机构发展中不可规避的问题，不仅影响老年人进行外部健康行为的主动性，而且影响社会老年群体对养老机构的选择，制约了我国养老机构的进一步发展。

本书结合我国老龄化趋势和老龄化进程中养老机构的现状，分析养老机构管理的相关政策，在综述国内外关于老龄人口户外健康行为研究现状基础上，运用社会生态系统理论，以成都市主城区部分养老机构和养老机构中的人员（老年人和工作人员）为对象，选择15家养老机构外部健康行为场内和场外的空间要素进行信息描述、信度分析和关联度分析，结果如下：

（1）场外空间要素的影响结果分析。道路连接度和空气质量变量与老年人达到一般体能步行指标的概率呈正相关，但与高体能老年人步行指标和是否进行户外活动并无关联；公交站点的数量变量与高体能老年人步行活动指标具有关联性；人行道环境能促进老年人进行户外活动，但与老年人是否进行高体能活动并无关联；公共空间的主观感知与一般体能步行、高体能步行者进行户外步行活动的概率呈正相关；餐厅主观感知在一定程度上促进了老年人进行户外步行活动的意愿；相比于大型超市，便利店和杂货店更有助于增强养老机构老年人进行户外步行活动的意愿。

（2）场地空间要素及其影响结果分析。活动空间要素强调在老年人康复场地中的社会支持性；场地环境适宜设计成连贯的步行道路系统便于老年人开展运动；不同的路径形式可以增添老年人步行活动的趣味性，延长户外步行时间；道路周边景致可以增加老年人与户外环境的接触时间，有利于缓解老年人抑郁、焦躁等不良情绪；场地可移动休息设施既便于老年人随意开展社会活动，也能够增强老年人的场所认同感和可控性；场内的动物因素说明其对老年人步行活动具有促进作用；医生建议对老年人进行户外步行活动影响较大，但不受步行活动目的的影响，与老年人是否外出活动并无联系；室内体力活动变量的影响仅局限于高体能老年人，其影响效果并不显著。

本书在编写过程中，得到了西南交通大学的吴茵教授、西华大学土木建筑与环境学院的舒波院长、向勇书记、舒志乐副院长、王辉副院长的大力支持，得到了同行和同事卢立宇老师、郝利花老师、黄佳祯老师、徐姣姣老师、谭璐薇老师、李阳老师的帮助和建议。感谢魏瑶、崔雁、曹武文、代天卉和冷超同学在数据收集、资料调研、文献资料的归纳和分析、软件信息处理等方面做了大量的基础性工作。本书在编写过程中，汲取了部分学者的研究成果和观点，使本书的内容得到了丰富和完善，在此对这些学者表示衷心的感谢。最后，特别要感谢中国经济出版社的张利影编辑，在本书的选题、立项申报以及编写过程中给予的大量帮助和支持。

CONTENTS 目 录

第一章　我国老龄化趋势及健康衰退现象 …………………………………… 1
　　第一节　人口老龄化趋势及健康衰退现象 ………………………………… 1
　　第二节　户外健康行为的康复效益 ………………………………………… 13

第二章　我国老龄化进程中养老机构的现状 …………………………………… 17
　　第一节　养老机构概述 ……………………………………………………… 17
　　第二节　养老机构缺失外部健康行为空间 ………………………………… 25

第三章　我国老龄化进程中养老机构管理的相关政策 ………………………… 31
　　第一节　养老产业政策和规划研究 ………………………………………… 31
　　第二节　养老政策转型和效应综合性研究 ………………………………… 36
　　第三节　我国养老产业政策发展趋势研究 ………………………………… 38

第四章　国内外关于老龄人口户外健康行为研究现状 ………………………… 41
　　第一节　外部健康行为空间研究 …………………………………………… 42
　　第二节　老年人户外健康行为及空间促进研究 …………………………… 44
　　第三节　健康—行为—环境作用机理研究 ………………………………… 46

第五章　养老机构外部健康行为空间的相关理论 ……………………………… 50
　　第一节　老年人健康行为干预相关理论 …………………………………… 50
　　第二节　外部空间对健康行为促进的相关理论 …………………………… 57

第六章　养老机构外部健康行为空间的调查基本思路 ………………………… 63
　　第一节　养老机构外部健康行为空间调查应解决的问题 ………………… 63

第二节　养老机构外部健康行为空间要素调查思路及变量 …………… 64
第三节　养老机构老年人健康行为方式及个体变量调查思路 ………… 72

第七章　养老机构外部健康行为空间要素信度分析 …………………… 74
第一节　养老机构外部健康行为空间要素调查设计 …………………… 74
第二节　养老机构调查数据收集及量化编码说明 ……………………… 76
第三节　养老机构调查数据信度模型论证 ……………………………… 83
第四节　养老机构调查信息数据描述性统计及信度分析 ……………… 86

第八章　养老机构外部健康行为空间要素关联度分析 …………………… 100
第一节　高体能老年人健康行为空间要素关联度分析 ………………… 100
第二节　一般体能老年人健康行为空间要素关联度分析 ……………… 113
第三节　低体能老年人健康行为空间要素关联度分析 ………………… 124

第九章　养老机构外部健康行为空间要素分析结果 ……………………… 135
第一节　场外空间要素的影响结果分析 ………………………………… 135
第二节　场地空间要素及其影响效应 …………………………………… 142

第十章　基于调查情况的成都市外部健康行为空间案例比较 …………… 151
第一节　成都市养老机构建设背景 ……………………………………… 151
第二节　健康行为促进型空间要素的个案比较 ………………………… 152
第三节　健康行为促进型社会空间的个案比较 ………………………… 160

第十一章　养老机构外部健康行为空间优化策略 ………………………… 161
第一节　从定位布局和分级配建角度设置养老机构 …………………… 161
第二节　从空间规划和设计角度对养老机构进行改进 ………………… 165
第三节　从社会空间角度构建养老机构健康行为空间 ………………… 177

参考文献 ………………………………………………………………………… 180

重要术语索引表 ………………………………………………………………… 189

第一章 我国老龄化趋势及健康衰退现象

第一节 人口老龄化趋势及健康衰退现象

一、我国人口老龄化趋势

人口老龄化是指人口生育率降低和人均寿命延长导致的总人口中年轻人与老年人数量比例失衡，即年轻人口数量减少、老年人口数量增加的现象。人口老龄化具有四层含义：一是指老年人口在总人口中所占比例不断上升的过程；二是指老年人口达到或超过一定比例时的人口结构模型，社会人口结构呈现老年状态，进入老龄化社会；三是指社会人口年龄结构具有动态性，年龄结构处于时刻发展变化中；四是指人口老龄化是处于动态变化中的一种现象。

人口老龄化的度量指标包括出生率/死亡率、老龄化系数、老少比、相对人口老龄化程度等。在进行人口老龄化分析中，出生率/死亡率、老龄化系数和老少比是较为重要的指标。其中，出生率是指某一区域在一定时期内的出生人口与同时期的平均人口的比值，死亡率则是指该时期的死亡人数与平均人口或者期中人数的比值，两者都会影响人口结构的老龄化。老龄化系数或老年人口系数是老年人口在总人口中所占的比重，其水平高低反映出一定时点上人口年老或年轻化程度。老年人口系数越大，意味着国家或地区的人口结构老龄化程度越严重。老少比反映的是总人口中老年人口与少年儿童人口的比例关系，是衡量人口老龄化程度的重要指标。

不同时期、不同国家或地区，对年龄阶段的界定不同，国际上一般将15岁定义为未成年人界线，即0～14岁的人口为未成年人口。对于老年人口，古希腊思想家以20岁为一年龄段，确定60～80岁为老年；19世纪法国学者弗露朗在对年龄结构进一步分析之后把70岁作为老年起始年纪；19—20世纪初，德国学者阿绍夫认为45～65岁是老年开始的年龄段，65～85岁是正式进入老年的年龄段；20世纪下半叶，按照联合国人口专门机构规定，65周岁以上的人为老年，因此，国际上通常按0～14岁、15～64岁、65岁以上对人口总体做不等距分组，分别称为少年人口、壮年人口、老年人口。国际上一般把60～69岁的人称为低龄老年人，70～79岁的为中龄老年人，80岁及其以上的人为高龄老年人。劳动适龄人口大多数国家采用15～64岁的区间。

根据1956年联合国《人口老龄化及其社会经济后果》确定的划分标准，当一个国家或地区老年人口数量占总人口比例超过7%时，则意味着这个国家或地区进入老龄化社会阶段。1982年联合国"老龄问题世界大会"将60岁及以上老年人口占总人口的比例超过10%作为判断一个国家或地区是否进入老龄化国家行列的标准。法国是世界上最早进入老龄化社会的国家，其65岁以上人口老龄化系数已经超过14%；19世纪90年代，瑞典是第二个进入人口老龄化的国家。2010年11月1日，我国第六次全国人口普查结果显示，65岁及以上老年人口约为1.19亿人，占总人口的8.87%；60岁及以上人口达1.78亿人，占总人口的13.26%。而到2013年，我国65岁以上人口占总人口比重从上年的9.4%上升到9.7%。按国际标准衡量，我国已进入老龄化社会。步入老龄化社会表示该地区年轻人数量的相对减少，以劳动密集型为主的产业结构将发生变化，同时社会老龄化结构将加重社会负担，家庭养老功能减弱，老年人对医疗保健、生活服务的需求更加突出。

1. 总和生育率

总和生育率（Total Fertility Rate，TFR）是一个合成指标，是指该国家或地区的妇女在育龄期间，每个妇女平均的生育子女数。总和生育率每年的波动更能反映出妇女生育年龄的变化。一个国家或地区的出生率会影响该地区的人口结构，当出生率较低时，新生儿数量减少，老年人口占总人口的比重相对增加，导致社会老龄化程度加重。新中国成立初期，我国妇女生育率维持在较高水平。随着经济形势的好转，人口增长迅速，1950年我国总和生育率为5.81，1957年总和生育率达到6.41，此阶段总和生育率总体呈现上升趋势，如图1-1所示。

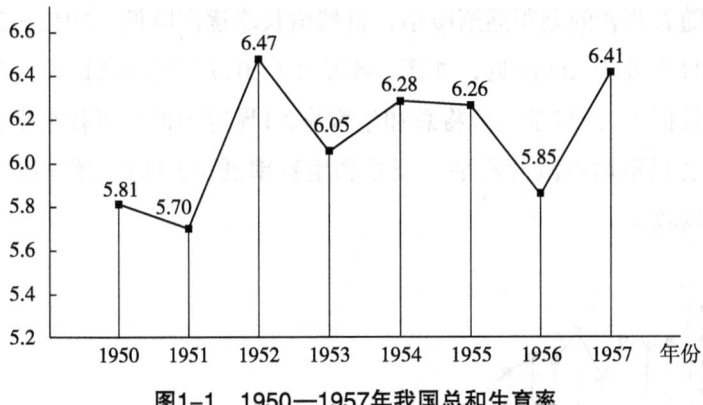

图1-1　1950—1957年我国总和生育率

1959—1961年我国经历了"三年困难时期"影响，总和生育率出现下降趋势，到1961年下降到3.29，1962年开始猛烈反弹，1963年上升到7.50，如图1-2所示。

图1-2　1958—1963年我国总和生育率

此后，我国总和生育率经历了高位整理和持续下降的过程。1964—1971年总和生育率变化并不明显。由于20世纪70年代就业困难，加上国家开始实行计划生育政策，从1972年开始总和生育率开始逐步下降，到1990年我国总和生育率仅为2.31，如图1-3所示。

1991年至今，我国总和生育率处于低位徘徊状态。20世纪90年代，我国实行社会主义市场经济体制，抚养孩子的成本上升，迫使城镇居民和进城农民工降低生育率。20世纪90年代末期，我国总和生育率与英、法等国家接近。随着生育率的下降，20世纪末21世纪初我国形成"三低"的人口模式，即现代型人口增长模式：人口出生率开始明显下降，死亡率继续下降并达到低水平。随着两者的差距逐渐减小，自然增长率逐渐降低。2012—2016年我国总和生育率处于1.60附近，如图1-4所示（2017年我国统计年鉴未公布生育率相关数据）。人口学一般将总和生育率2.1界定为世代更替水平，也就是保持人口总量不增不减的水平。当总和生育率低于2.1时，该国家或地区新生人口数量较少。

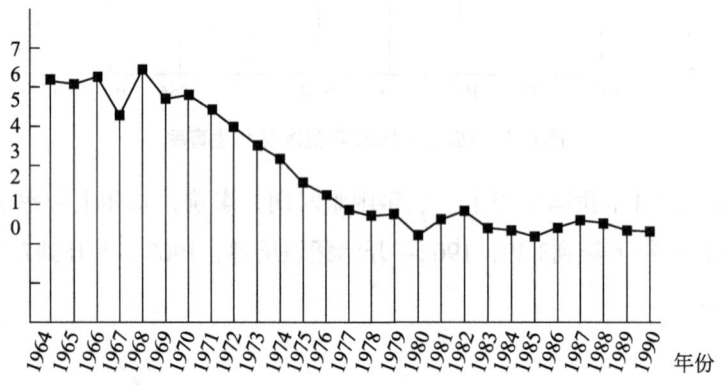

图1-3　1964—1990年我国总和生育率

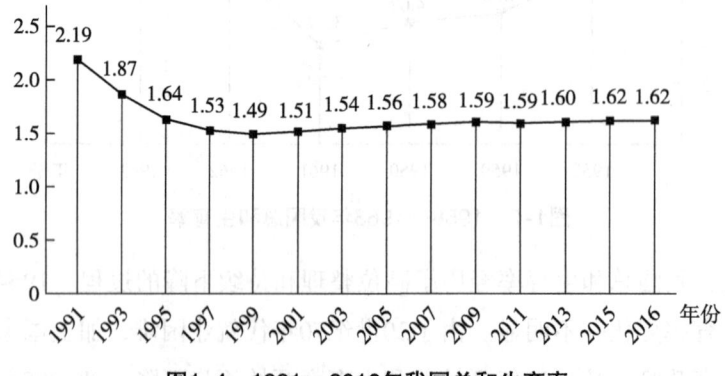

图1-4　1991—2016年我国总和生育率

2016年，全球平均生育率为2.5，其中，俄罗斯为1.75，美国、英国总和生育率为1.8，瑞典为1.85，法国为1.96。出生率下降是人口老龄化的重要原因，其较快的下降速度导致老龄化程度加剧，将严重影响经济社会的发展。

2. 死亡率

19世纪以前，由于生产力水平、医疗卫生条件等诸多因素的限制，各国人口死亡率普遍较高，我国在1949年以前人口死亡率处于较高水平。随着经济社会的发展，人类对自然环境开发利用和改造的范围不断扩大，对灾害和疾病的防御能力不断提高，对自然环境的适应性不断增强。在20世纪，全球大多数人口的生活环境发生了剧变：1900—2000年，发达国家的预期寿命从人均45岁上升到75岁，发展中国家在1960—2000年，预期寿命增加了20岁；死亡率开始下降，全世界死亡率都处于较低水平。新中国成立以前，我国死亡率处于较高水平；新中国成立后，由于人民生活水平的提高和医疗卫生条件的改善，人口死亡率大幅下降，中国人口快速增长。1990—2004年，我国人口死亡率呈现小范围的下降趋势，随后在2008年达到7%以上，近几年呈现稳定态势，如图1-5所示。少子化是人口死亡率小幅上升的主要原因，出生率太低导致总人口增长速度远低于死亡人口增长速度，但长期来看，低出生率和低死亡率是我国人口老龄化的根本原因。在一个高出生率和高死亡率的社会里，人口年龄结构呈现正金字塔形，老龄人口占比较小。在一个低出生率和低死亡率的社会里，人口年龄结构则趋向倒金字塔形，老龄人口占比较大。

图1-5　1990—2016年我国人口死亡率

3. 老龄化系数

随着出生率的持续下降，1990—2016年，我国65岁及以上人口比重持续上升，到2016年已达10.1%，老年人口系数的逐步增大加剧了我国人口老龄化问题。截至2016年底，我国60岁以上老年人口已经超过2亿人，是世界上唯一一个老年人口过2亿人的国家，如图1-6所示。

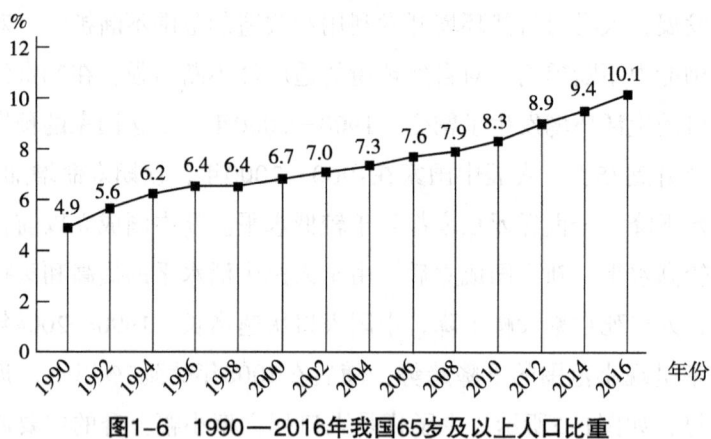

图1-6　1990—2016年我国65岁及以上人口比重

表1-1　1993—2017年我国老龄化人口平均增长率（%）

时间	1993—1997年	1998—2002年	2003—2007年	2008—2012年	2013—2017年
老龄化人口平均增长率	0.98	2.35	2.10	3.03	3.94

表1-1为我国老龄化人口平均增长率（以5年为一个计算单位）。2013—2017年我国老龄化人口平均增长率明显高于其他时间段，且从2003年开始呈现递增趋势。这说明近年来我国老龄人口系数上升幅度增大，未来我国将面临更加严峻的老龄化趋势。据联合国预测，1990—2020年世界老龄人口平均增速为2.5%，同期我国老龄人口的增长速度为3.3%，世界老龄人口占总人口的比重从1995年的6.6%上升至2020年的9.3%，同期我国由6.1%上升至11.5%。在增长速度和比重上，我国都超过了世界老龄化的平均水平。到2020年，我国老年人口将达到2.48亿人，老龄化水平将达到17.17%，其中，80岁以上老年人口将达到3067万人；2025年，60岁以上人口将达到3亿人，我国将成为超老年型国家；到2050年，我国老年人口将达到4.8亿人，约占届时全球老年人口的1/4，将给我国社会经济发展和转型带来巨大挑战。

4. 老少比

老少比是衡量我国人口结构老龄化的重要指标之一，是65岁及以上人口数量与0～14岁人口数量的比值。一般按照比值大小，老少比小于15%为年轻型人口结构，大于30%为老年型人口结构，15%～30%为中年型人口结构。老少比越大，则意味着老年人口相对少年人口越来越多，社会老龄化程度越严重。图1-7为我国1990—2017年人口老少比，1990—2017年我国人口老少比持续上升，1990年为20.11%，2000年突破30%，我国社会进入老年型人口结构，2017年我国人口老少比达到67.8%，相较1990年增加了237.1%，相较2000年增加了123%。我国人口老少比增加的主要原因是老年人口比重的上升以及少儿人口比重的下降，老少比的持续增加将导致我国老龄化进程的加剧。

图1-7　1990—2017年我国人口老少比

二、我国人口老龄化特征

人口老龄化是全社会面临的共同问题。我国人口老龄化进程与国外人口老龄化具有相似之处，但也表现出自己的特点。我国人口老龄化在发展过程中具有基数大、发展速度快、"未富先老"和地区差异显著的特征。

1. 老年人口基数大

人口基数是统计人口变化时所使用的一个基本量。在相同增长率的前提下，人口基数过大会导致增长率较高。根据国家统计局公布的数据，截至2018年底，我国60周岁及以上人口2.49亿人，占总人口的17.9%。

2. 发展速度快

我国人口老龄化发展速度较快。发达国家的老龄化进程长达几十年至100多年，而我国只用了18年就进入了老龄化社会，如图1-8所示。近年来，我国80岁以上高龄老人以年均约4.7%的速度增长，明显高于60岁以上老年人口的增长速度。目前80岁以上老年人口达1300万人，约占老年总人口的9.7%，伴随老年人口系数的持续增加，我国人口老龄化问题将日趋严峻。

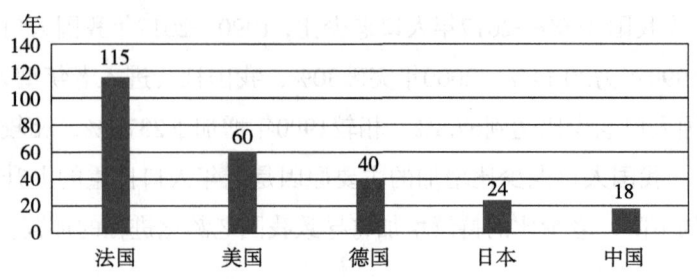

图1-8 不同国家人口老龄化进程

3. "未富先老"

"未富先老"是指我国目前人口平均年龄的增加高于发达国家同期增长水平，在经济发展并不成熟的前提下就已经提前进入老龄化社会。"未富先老"表现在欠发达地区的人口老龄化程度和速度高于和快于发达地区。虽然一些发达国家较早进入老龄化社会，但其经济发展一直处于较高水平，这些国家的老龄化呈现出"先富后老"的特征。由于中国进入老龄化国家较晚，经济发展存在短板，经济增长面临巨大挑战，呈现出"未富先老"的特征。

根据国际货币基金组织发布的人均GDP排名，2017年我国人均GDP 8643美元，世界排名第71位，远远低于美国、日本、澳大利亚等国家，如图1-9所示。但与此同时，根据2016年统计数据，我国人口年龄中位数（年龄中位数是将全体人口按照年龄大小顺序排列，居于中间位置的年龄）为37.4岁，与美国、俄罗斯、澳大利亚等国家的差距较小，如图1-10所示。日本是全世界平均寿命最长的国家，其年龄中位数达到47.3岁，日本在1990年人均GDP就处于较高水平，

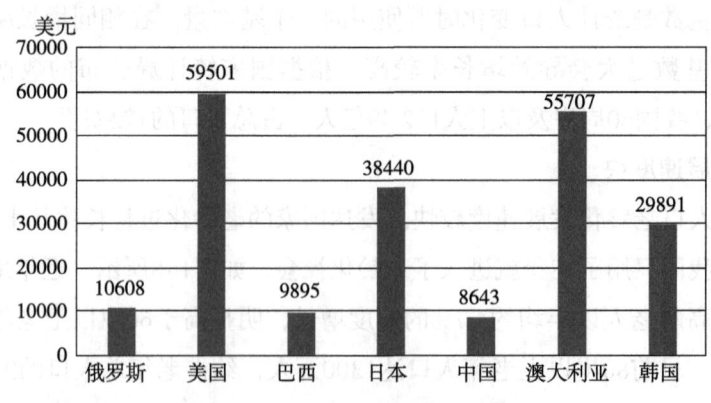

图1-9 2017年不同国家人均GDP

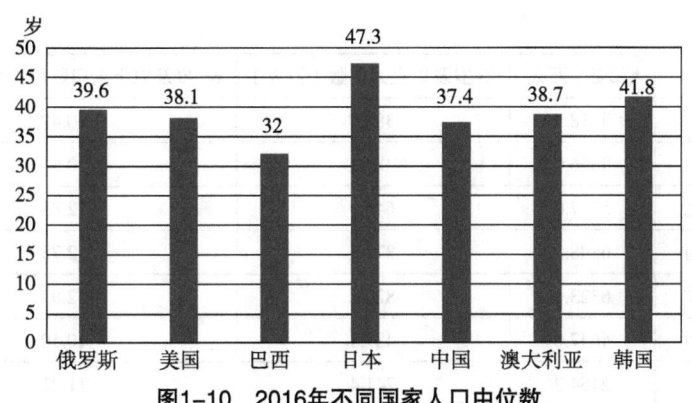

图1-10 2016年不同国家人口中位数

呈现出"边富边老"的趋势。当前,中国人口老龄化进程与国家经济发展水平并不适应。随着经济的增长,发达地区不断吸收欠发达地区的年轻流动人口,发达地区的要素禀赋结构转变较慢。要素禀赋结构的较慢转变进而导致发达地区产业结构的比较优势降低的速度减慢,削弱了发达地区经济动能。[①]

4. 地区差异显著

我国人口老龄化进程中存在明显的地区差异,主要体现在老龄化程度上。通过对比2018年我国人口老龄化程度,以上海、山东、江苏为代表的东部地区和以辽宁、吉林、黑龙江为代表的东北地区老龄化程度较高。其中,上海人口老龄化程度达到15.10%,辽宁人口老龄化程度达到15.17%。以西藏、青海为代表的西部地区人口老龄化程度相对较低。除此之外,区域内部老龄化程度差别较大,主要体现在东部、中部和西部地区。其中,中部地区江西和山西老龄化程度低,安徽老龄化程度高;东部地区福建、广东和海南人口老龄化程度低,上海、山东和江苏老龄化程度高;西部地区重庆和四川人口老龄化程度远远高于西藏地区。各省人口老龄化程度存在显著差异,各地区人口老龄化比例如表1-2所示。

表1-2 2018年我国各地区人口老龄化比例

地区		人口数(万人)	65岁及以上人口数(万人)	65岁及以上人口数所占比重(%)
东北地区	辽宁	4359.3	661.3	15.17
	吉林	2704.1	343.9	12.72
	黑龙江	3773.1	485.3	12.90

---

① 钟水映,赵雨,任静儒. 我国地区间"未富先老"现象研究[J]. 人口研究,2015,39(1):71.

续表

地区		人口数（万人）	65岁及以上人口数（万人）	65岁及以上人口数所占比重（%）
中部地区	山西	3718.3	386.7	10.40
	河南	9606.0	1019.0	10.61
	湖北	5917.0	646.0	12.83
	湖南	6898.8	878.5	12.73
	安徽	6323.6	820.2	12.97
	江西	4647.6	489.4	10.50
东部地区	北京	2154.2	241.4	11.21
	天津	1559.6	169.5	10.90
	河北	7556.3	845.5	11.80
	山东	10047.0	1511.1	15.04
	上海	2423.7	365.9	15.10
	江苏	8050.7	1129.5	14.03
	浙江	5737.0	780.2	13.60
	福建	3941.0	355.1	9.01
	广东	11346.0	978.0	8.62
	海南	934.3	78.9	8.44
西部地区	重庆	3101.8	437.4	14.10
	四川	8341.0	1181.9	14.17
	贵州	3600.0	379.1	10.53
	云南	4829.5	461.7	9.56
	西藏	337.2	16.6	4.91
	广西	4926.0	490.6	9.96
	陕西	3864.4	439.8	11.38
	甘肃	2637.3	301.2	11.42
	青海	603.2	48.5	8.04
	宁夏	688.1	59.2	8.61
	新疆	2486.8	169.9	7.20
	内蒙古	2534.0	265.1	10.46

我国城乡老龄化进程存在明显差异。20世纪70年代，城镇生育率较农村生育率偏低。随着中国经济的持续发展，自20世纪90年代以来，市场化引发

了人口流动浪潮，农村大量的适龄劳动力发生了空间上的人员流动，年轻劳动力转移到一二线城市发展，农村老年人口增多，农村老龄化问题严重，导致农村人口老龄化程度普遍高于城镇人口老龄化程度。

三、人口老龄化健康衰退现象

1946年世界卫生组织（World Health Organization，WHO）成立时，在其宪章中把健康定义为："健康乃是一种生理、心理和社会适应都臻完美的状态，而不仅仅是没有疾病和虚弱的状态。"世界卫生组织关于健康的定义，把人的健康从生物学的意义扩展到了精神和社会关系两个层面。

因此，人口老龄化带来的健康衰退现象包含两层含义：一是指生理机能的衰退。随着年龄的增长，老年人的生理功能逐渐减退，身体机能开始下降，机体老化使老年人更易患颈椎病、关节炎、高血压等各种慢性疾病。二是指心理机能的衰退。一方面，随着年龄的不断增长，老年人免疫功能逐渐下降，身体机能开始退化，由于自身身体状况原因给老年人带来巨大的心理负担；另一方面，随着社会角色的转变和家庭结构的小型化，老年人易出现焦躁、抑郁等负面情绪，与家人及外界缺乏情感交流和心理沟通，导致心理健康下降。

1. 生理机能的衰退

2017年我国老年社会追踪调查结果数据显示：全国87.46%的老年人日常生活可以完全自理，10.54%的老年人为轻度和中度失能，2%的老年人为重度失能（依据国际通行标准，吃饭、穿衣、上下床、上厕所、室内走动、洗澡6项指标，1~2项无法完成的定义为"轻度失能"，3~4项无法完成的定义为"中度失能"，5~6项无法完成的定义为"重度失能"）。其中，慢性病是影响老年人群健康的主要问题。随着年龄的增长和机体功能的自然衰退，老年人更易受到疾病的侵袭。近10年来，受人口老龄化进程加快以及生活方式改变等问题困扰，我国老年人慢性病患病率和慢性病发病率逐年上升，目前我国有近1.5亿的老年人患有慢性病，老年人慢性病患病率为全人群的4.2倍。[①]以高血压为例，根据统计资料，60岁以上人群的高血压患病率明显高于60岁以下人群，

---

① 刘竞芳，陈哲，杨非柯，等.我国老年人慢性病现状及应对策略[J].中外医疗，2014（23）：194.

且患病概率伴随年龄增长不断增加，如图1-11所示。老年人多病共存现象也十分普遍，慢性病占中国老年人群死因的91.2%，老年人群在平均寿命增加的同时，也受到健康问题的困扰。随着家庭结构的日趋小型化和人口老龄化问题的加剧，生活不能自理或部分不能自理的老人，给家庭养老和社会养老带来更多挑战。1990年我国老年抚养比（是指某一人口中中老年人口数与劳动年龄人口数之比）为8.3%，到2017年末，我国老年抚养比达到15.9%，如图1-12所示。预计到2025年，我国老年抚养比将提高到32%。人口老龄化的结构将直接导致老龄人口抚养比的提高，进而导致总抚养比的上升。抚养比越大，表明劳动力人均承担的抚养人数就越多，即劳动力的抚养负担就越严重。

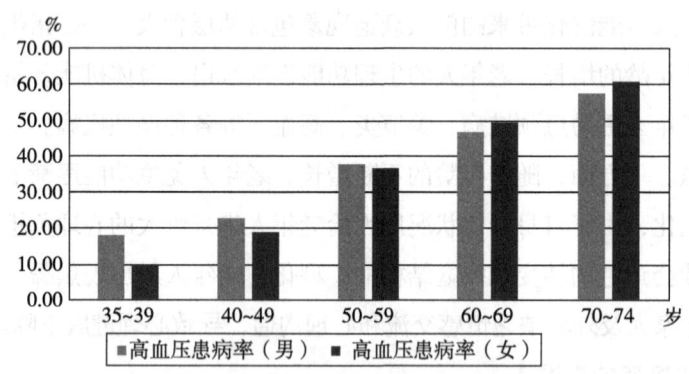

图1-11 不同年龄段人群高血压患病率

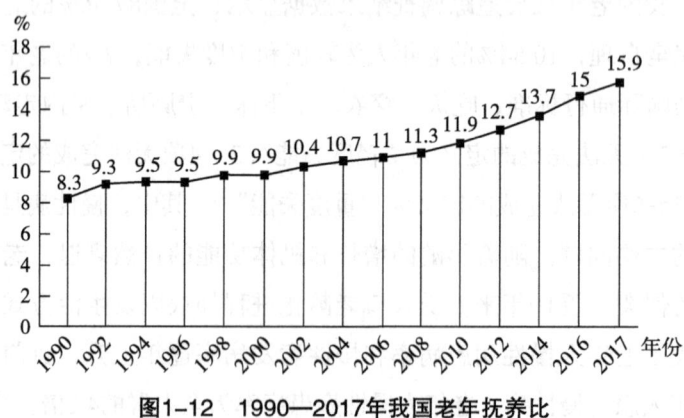

图1-12 1990—2017年我国老年抚养比

2. 心理机能的衰退

1946年国际心理卫生大会将心理健康的标准定义为："心理健康是指在身体、智能以及情感上与他人的心理健康不相矛盾的范围内，将个人心境发展成最佳的状态。"我国学者将老年人心理健康的标准概括为热爱生活和工作、精神愉快、情绪稳定、适应能力强、通情达理以及人际关系适应能力强。

国内诸多研究表明，老年人存在心理健康衰退现象。其中，陈红根据中国计划生育家庭发展追踪调查60周岁及以上老年人问卷以及中国计划生育家庭发展追踪调查家庭问卷，筛选出18045个样本。调查结果显示：在城镇，91.2%的老年人具有极轻和轻度抑郁；在农村，82.4%的老年人具有极轻和轻度抑郁。高月霞对南通市714名老年人进行了调查，发现16.11%的老年人具有抑郁倾向。李为群对长春市1302名60岁以上社区老人进行了调查，抑郁的检出率为40.3%。心理健康衰退是老年人群中普遍共存的问题。

老年人心理健康衰退现象主要表现在：第一，针对不同养老方式的老年人，心理健康问题表现方式存在差异。居家养老者心理健康状况明显好于集中养老者（吴振云，2003）。集中养老者由于与家人交流相对欠缺，其心理健康衰退主要表现在亲情关系的减弱，同时由于受集体生活、传统观念的影响，集中养老者的自我心理调节能力存在差异。第二，我国城乡存在大量空巢老人，相对于非空巢老人，由于缺少子女的精神慰藉和生活照顾，其心理健康状况相对较差，易出现抑郁、焦躁等心理健康衰退现象。第三，大多数老年人在进入老年生活后，会进入从职业角色转入闲暇角色、从主体角色转为依赖角色或从配偶角色转为单身角色的转变过程，角色的转变会给老年人带来一定的精神压力，出现一时无法适应角色转变的情况，造成心理健康衰退现象。第四，身体疾病会导致老年人烦躁、焦虑等，降低心理健康水平。特别是对于失能老人，其机体活动能力下降，社会交往范围缩小，加之日常生活受限，因此对自身健康的自我评价较差，容易产生心理健康衰退现象。

第二节　户外健康行为的康复效益

一、老龄化人口户外健康行为

为应对人口老龄化问题，1987年5月，世界卫生大会提出健康老龄化的概念；1990年，世界老龄大会上把"健康老龄化"作为应对人口老龄化的一项发展战略；2002年，世界卫生组织在健康老龄化的基础上提出"积极老龄化"的政策框架；1993年，我国人口学家邬沧萍教授在"健康老龄化"学术研讨会上诠释了健康老龄化的概念；2017年3月，我国《"十三五"健康老龄化规划》发布，健康老龄化战略地位进一步提升。

健康老龄化具有三个层次的含义：一是指老年人在健康状态下具有较高的生活质量；二是指在全社会范围内处于健康状态的老年人比例不断上升；三是指老龄化社会能克服人口老龄化的消极影响，保持社会经济的稳定发展。健康老龄化是积极老龄化的基础，积极老龄化是对健康老龄化的完善，它强调了老年人作为特殊群体对社会的巨大贡献，鼓励老年人通过参与社会公共事务提高预期寿命和生活质量。健康老龄化和积极老龄化的提出不仅是以老年人的健康为出发点，也是为了解决人口老龄化这一现实问题。

户外健康行为是促进老年人自主实现健康老龄化的重要方式。早期的户外运动其实是一种生存手段，如采药、狩猎等是人类为了生存或发展而进行的活动。随着经济的不断发展，户外运动逐步发展成满足人类娱乐需要、提高生活质量的一种生活方式。户外运动的种类呈现多样化，包括水面运动（潜水、航海）、陆地运动（徒步、单车）、山地运动（登山、速降、攀岩、探洞）、野营活动（垂钓、摄影、写生等）、机动车船及航空运动（摩托、跳伞等）、娱乐休闲及军体运动（球类、骑行等）。在人口老龄化的背景下，老年人由于心理和生理的特殊需求，其户外活动具有特殊性。

从心理角度来讲，老年人作为社会的特殊群体，更容易产生失落感、抑郁感和寂寞感。从生理角度来讲，首先，伴随年龄的增长，老年人对内外环境的适应能力逐步减弱，神经细胞的减少和功能衰退导致个体的协调能力、平衡能力变差，肌肉骨骼运动机能的下降导致老年人更容易发生骨折和关节损伤。其次，随着年龄的增长，老年人的感知机能逐渐衰退，尤其表现在视觉和听觉两方面。这决定了老年人户外健康行为具有其特殊性。除此之外，老年人户外健康行为具有很强的地域性特征，主要表现在大多数老年人喜欢固定的生活模式。老年人活动的地域性特征与时间、天气、活动内容、生活背景以及文化环境等密切相关。因此，老年人的户外活动兼具便利、安全等特征。对于自理型老人（能自己料理衣食住行的老人）、介助型老人（由于身体原因需要借助工具帮助的老人）和介护型老人（需要借助他人照料护理的老人），由于其活动能力的差异，其户外活动类型也受到限制。便利安全的户外活动环境能增加老年人的安全感，增进老年人交往的需求，提高老年人户外活动的积极性。总体上，可将老年人的户外健康行为划分为：交际类户外行为、健身类户外行为和休闲类户外行为，如表1-3所示。

表1-3　老年人户外健康行为分类

类型	主要活动内容
交际类户外行为	聚会、聊天
健身类户外行为	球类运动、器械运动、慢跑、散步、跳舞、打太极
休闲类户外行为	棋牌运动、垂钓、摄影

二、户外康复效益分析

康复效益是指各种行为和方式对促进身体健康水平提高的影响程度和作用效果。老年人户外康复效益与户外环境和户外活动有关。

1. 户外环境

老年人户外健康行为的活动空间一般分为两种类型：一是为老年人专门建立的休闲娱乐场所，如养老院、疗养院等；二是老年人自发活动形成的空间，如公园、绿地等。这些户外活动环境能为老年人创造良好的外部活动条件，满足老年人户外健康行为的需要。户外环境带来的康复效益主要是指老年人在自然环境中进行户外行为所带来的效益。研究显示：我国75%的慢性病与生产和生活中产生的废弃物污染有关，我国居民的疾病负担中有21%是由环境污染因素造成的。老年人是慢性病的高发人群，长期暴露在污染环境中会增加老年人慢性病的发病率。公园、绿地等自然环境是老年人进行户外活动最常见和最便捷的场所，公园、绿地绿色植被覆盖率大，能够吸收大量二氧化碳，制造氧气，同时也能吸收空气中的有毒气体，达到净化空气的目的，同时减少支气管炎、哮喘、肺结核等疾病的患病率。除此之外，自然环境还能促进老年人心理健康水平的提高，老年人由于其社会地位的特殊性，很容易出现焦虑、抑郁等负面情绪。根据美国医学协会杂志的研究，绿化可以缓解老年痴呆患者的烦躁情绪，有助于患者更好地放松身心和改善身体机能。

2. 户外活动

户外活动是帮助老年人抵御外部疾病，促进心理健康的重要手段。首先，户外活动可以提高老年人肌体的健康水平。以散步为例，老年人通过散步可以保持关节的灵活，同时也可以增强腰部肌肉的弹性，防止身体过早出现僵硬的情况。正确的散步方式可以促进老年人血液的循环，提高血管的张力，防止动脉硬化等心脑血管疾病的发生。其次，户外活动有利于促进老年人的健康和交往，一定程度上满足自我实现的需求。美国社会心理学家亚伯拉罕·马斯洛将人类的需求分为五个层次，其中，自我实现的需要是最高层次的需要。一方面，增加老年人的户外健康行为，能有效扩大老年人与社会的接触范围，促进老年人与朋友、同事的交流，排遣老年人的负面情绪，提高幸福感；另一方面，通过参与群体聚会、参加活动表演，增强自我认同感，增加老年人在户外活动场地中的领域感，帮助老年人实现自我价值。最后，户外活动可以有效降低医疗费用。杨光对日本仙台鹤谷地区居住的2125名老人进行步速、运动能力与医疗费用的调查研究，结果表明：高步速组老年人4年平均每人每月支出的总医疗费均比低步速组节约140美元以上，老年人步速每下降0.1 m/s，会导致健康状态下降、运动能力降低、门诊次数增多、医疗费用支出增加。我国健康数据显示，在运动健身中多投入1元钱，就能在医疗中减少8~10元的投入。长期坚持体育锻炼不仅对维持和提高老年人的体质健康水平具有积极作用，还能有效减少老年人医疗开支。

第二章　我国老龄化进程中养老机构的现状

第一节　养老机构概述

一、养老机构定义

1. 养老服务

广义上，养老服务是指为老年人提供必要生活服务，同时满足其物质和精神生活的基本需求；狭义上，养老服务是指为老年人提供身体护理、精神慰藉等具有照顾属性的服务。养老服务的来源最早可以追溯到16世纪的英国，主要是指政府利用各种社会资源对居家老人提供的养老服务。2000年，我国发布《关于加快实现社会福利社会化的意见》，加快构建社会化养老服务体系逐渐成为各界的共识。"十二五"时期我国养老服务业取得长足发展，《中国老龄事业发展"十二五"规划》《社会养老服务体系建设规划（2011—2015年）》确定的目标任务基本完成，2017年我国相继发布《"十三五"国家老龄事业发展和养老体系建设规划》《智慧健康养老产业发展行动计划（2017—2020年）》等一系列政策文件，旨在"十三五"时期继续扩大我国养老服务体系建设，不断提高我国养老服务水平。

养老服务的重点旨在通过建立完善的养老服务体系，全面提升我国老年人生活质量。养老服务可分为纯公共产品性质养老服务、准公共产品性质养老服务和私人产品性质养老服务。纯公共产品性质养老服务一般是指政府部门为特定老年人提供的免费养老服务；而准公共产品性质养老服务介于纯公共产品性质养老服务和私人产品性质养老服务之间，具有非竞争性或非排他性的特点，一般是指以公共财政补贴为主体的养老服务；私人产品性质养老服务属于有偿服务，通常是指老年人通过市场等手段获取的养老服务。养老服务的本质属性决定了养老服务体系是多方共同作用的结果，其介入主体具有多元化、复杂性等特点。

根据我国《社会养老服务体系建设规划（2011—2015年）》，我国逐步形成以"居家养老为基础、社区养老为依托、机构养老为补充"的社会养老服务体系框架，构建了"三位一体"的社会养老服务体系。社会养老服务是在人口老龄化的背景下，针对我国家庭养老功能弱化、高龄老人和空巢老人增多而需要从社会角度对老年人进行的帮助服务，包括政府、社会组织、企业、志愿者等为老年人提供的各种生活所需服务。首先，社会养老服务体系具有多元化的特点。社会养老服务体系由政府、社区等多个主体共同参与，其服务主体来自政府机构、社会组织、养老机构和私营公司，服务方式包括居家养老、社区养老、机构养老和中介咨询四种形式，如图2-1所示。养老服务体系所具备的多元化特点使其能最大限度地调动社会资源，满足老年人的养老需求。其次，社会养老服务体系具有社会化的特点。社会养老服务属于准公共产品性质养老服务，具有一定的社会属性。再次，社会养老服务具有制度化的特点，政府作为养老服务的主导力量，通过制定颁布一系列法律法规不断完善我国养老服务体系。最后，社会养老服务体系具有公益性与市场性的特点，这主要是由养老服务的本质属性决定的。政府作为养老服务的监督者、协调者，为老年人提供必要的养老服务；同时，把市场机制引入养老服务中，运用先进的管理理念和专业化的服务能力，取得了良好的社会效益和经济效益。

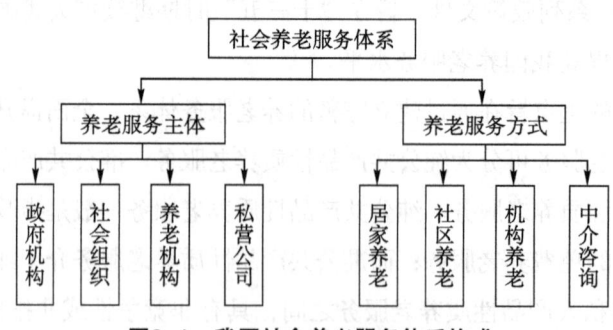

图2-1　我国社会养老服务体系构成

2. 养老机构

在人口老龄化问题加剧、家庭结构日趋小型化的背景下，养老机构作为社会养老体系中的重要组成部分，对于提高老年人的生活质量具有重要意义。养老机构是指为老年人提供饮食起居、清洁卫生、生活护理和休闲娱乐活动的综合性服务机构。我国最早养老场所的雏形出现在奴隶社会，夏商时代的养老场发挥着照顾老人以及教育下一代的职能，周朝之前的养老机构主要针对学识渊博的人；北魏时期政府首创"存留养亲"制度，并且修建养老场所，为老人免费提供药品和衣物；南朝梁武帝于公元521年，在京师建立中国历史上第一家由政府开办的养老院——独孤院，此后养老院开始在全社会普及；改革开放后，养老场所在服务对象、运行机制等方面发生了显著变化，伴随着现代化和人口老龄化，我国养老服务需求日益增强；20世纪80年代中期各级政府相继出台了一系列扶持、鼓励民办养老机构发展的政策，并在实践中给予了一定的支持；2006年我国民政部第一次正式统计了全国养老机构的数量；从2014年开始，我国养老机构高速发展，全社会养老机构数量陡增。近几年，我国相继颁布了与养老有关的法律法规，通过降低准入门槛、精简行政审批流程等手段进一步加强我国养老机构体系建设。

首先，养老机构是否营利决定了其运营主体、服务对象和提供服务的范围和水平等，这也是养老机构的基本分类标准；其次，创建主体的差异以及服务功能的不同是我国养老机构的分类标准，不同属性的养老机构享有不同的权利和义务，适应不同的标准和政府补贴。依据养老机构的营利性质，可将养老机构分为公益性养老机构和非公益性养老机构，如图2-2所示。公益性养老机构的对象是社会上的全体老年人，为老年人提供基本公共服务；非公益性养老机构是指企业等社会力量参与养老服务设施的建设、运营和管理，并且以社会效益和经济效益为目的。

图2-2 我国养老机构分类（按营利性质）

依据养老机构的创建主体，可将养老机构分为公办养老机构、民办公助养老机构和民办养老机构，如图2-3所示。公办养老机构是由国家或集体创办，具有保障基本养老服务的职能，不以营利为目的，属于公益性养老机构；民办公助养老机构是指政府为民办养老机构提供场地、资金、设施等支持，不包括税收、水电煤等优惠，属于公益性养老机构；民办养老机构是指国家政府以外的组织或个人作为主体创办者，一般在工商部门登记，遵循市场规则，自负盈亏，属于非公益性养老机构。

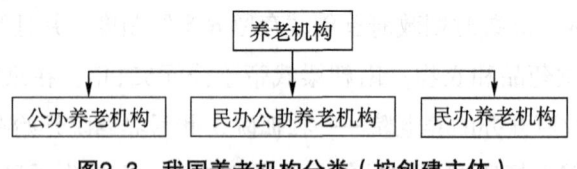

图2-3 我国养老机构分类（按创建主体）

依据提供养老服务的类型，可以将我国养老服务机构划分为社会福利院、敬老院、老年公寓、护老院、护养院和护理院等，如图2-4所示。其中，社会福利院和敬老院是我国传统的养老机构，一般由政府开办或者政府与集体合办，主要面向"三无五保"人员（"三无"：无法定赡养人、无固定生活来源、无劳动能力，"五保"：对我国农村无劳动能力、生活无保障的成员实行的社会救助，即保吃、保穿、保住、保医、保葬五个方面）；老年公寓是可供老年人长期居住的养老机构，服务对象面向社会上的老年人，除提供日常生活照料外，也提供休闲娱乐活动；护老院是专为接待介助型老人安度晚年而设立的社会养老服务机构，设有生活起居、文化娱乐、康复训练、医疗保健等多项服务设施；护养院是专为接收生活完全不能自理的老人安度晚年而设立的社会养老服务机构；护理院是指由医护人员组成，在一定范围内，为长期卧床的老年患者、残疾人、临终患者、绝症晚期和其他需要医疗护理的老年患者提供基础护理和专科护理等。

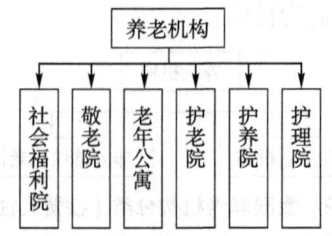

图2-4 我国养老机构分类（按服务类型）

二、养老机构发展现状

随着我国进入老龄化社会,养老机构在社会养老体系中起着重要的补充作用。第一,养老机构的快速发展是适应人口老龄化的迫切需要。在人口老龄化的背景下,我国老年人平均寿命不断增长,高龄老年人比例增加,我国老龄化水平及增长速度高于世界平均水平,老年人赡养比例加大,社会养老压力不断加大,养老服务和养老方式面临巨大挑战。第二,人口流动削弱了家庭养老的功能;同时随着生活水平的提高,老少分住、家庭小型化已成为必然趋势。养老机构相对于传统的居家养老方式,更能为老年人提供专业化和系统化的照顾及看护。第三,养老机构是社会福利社会化的重要组成部分。社会化养老的兴起,为养老机构的发展提供了可能。第四,伴随我国现代化进程的加快,需求结构从生存型向发展型转变。当社会、经济发展到一定阶段时,老年人的生活水平和收入水平大幅提高,对生活方式和生活质量有了更高的要求,对精神文化层面的需求与日俱增。此时传统的养老方式不能满足现代老年人对老年生活多样化和个性化的要求,因此需要构建全方位、多层次的养老服务体系。

1. 规模

随着人口老龄化问题的加剧,我国老年人口抚养比逐年增加,高龄老人、失能老人、空巢和独居老人数量显著增长,相比于普通老人,空巢和独居老人需要生活上的照料以及情感的陪伴,高龄老人和失能老人在此基础上更需要医疗护理和临终关怀,这为我国养老机构提供了巨大的发展空间。根据民政部的相关统计数据,截至2017年末,我国养老服务机构和设施约15.5万家,比2016年增长10.6%,相比2011年增长了近4倍,如图2-5所示。与此同时,我国养老机构服务规模不断扩大,2016年,各类养老床位合计730.2万张,比2015年增长8.6%(每千名老年人拥有养老床位31.6张,比2015年增长4.3%)。截至2017年,我国养老机构各类养老床位合计达744.8万张,相比2011增长了2.1倍,如图2-6所示。

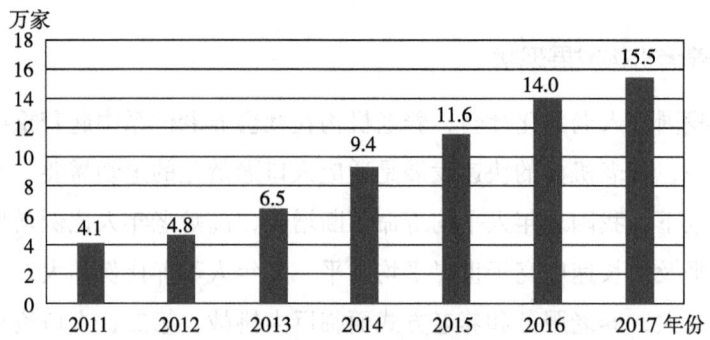

图2-5 2011—2017年我国养老服务机构和设施数量

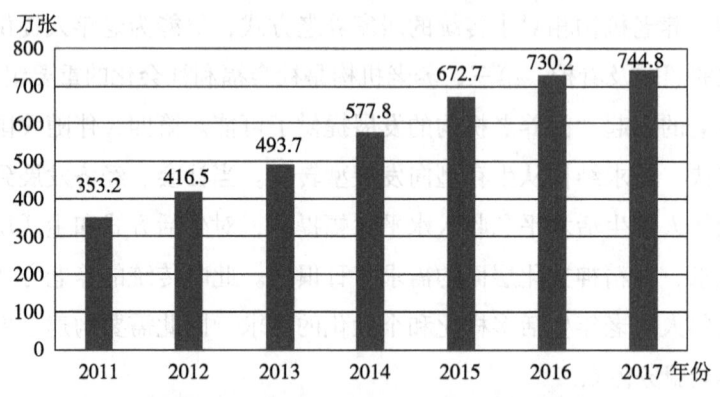

图2-6 2011—2017年我国养老机构床位数

我国养老机构数量在增长的同时也呈现出地区发展不均衡的特点。根据2018年全国养老机构调查数据显示：全国养老机构数量排名前十的省份分别是：四川省、江苏省、山东省、湖北省、辽宁省、广东省、湖南省、浙江省、安徽省和江西省，占全国养老机构总数的80%。辽宁省、河南省等老龄人口基数较大的省份所拥有的养老机构数量和设施却较少，这体现了我国养老机构分布不均衡特点。

2. 相关政策

我国养老机构的相关政策文件主要可分为：民政部的部门规章以及各个省市的地方法规、管理规范和通知类的政府文件。根据万方数据知识服务平台发布的法规类文本资料，我国养老机构的政策发布经历了平静期（1990—2004年）、快速发展期（2005—2013年）和平稳期（2014—2017年）三个阶段，如图2-7所示。①平静期：养老概念初步形成，政策层面的养老概念并不完善；②快速发展期：我国社会开始鼓励设立养老机构，《养老机构设立许可办法》等一系列法规相继颁布，养老机构进入快速发展期；③平稳期：2014年以后，随着政府对养老的重视，与养老机构相关的法规平稳出台。

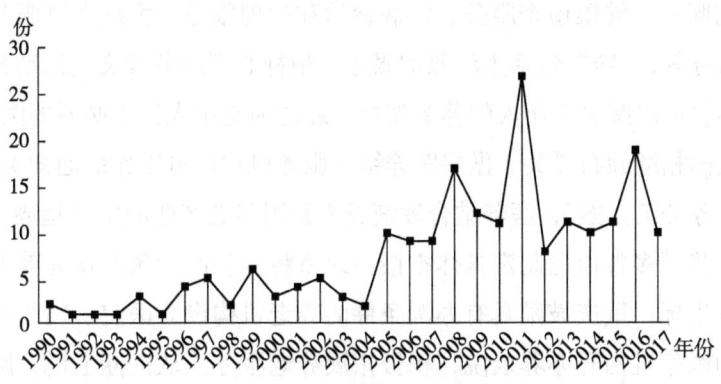

图2-7　1990—2017年我国发布的养老机构政策文件

3. 运营状况

根据《2017年中国养老机构发展研究分析报告》，对全国范围内的421家养老机构进行统计调查，发现其中仅有9.5%的养老机构处于营利状态，24.2%的养老机构处于亏损状态，实现营利的养老机构占比不到一成，而处于亏损状态的养老机构占1/4。我国养老机构发展的困境主要表现在：第一，民营养老院入住率低，资源闲置严重。相比收费价格过高的民营养老机构，老年人更倾向于公办养老机构，大多数民营养老机构脱离了当下老年人的消费能力，对服务对象未实现精准定位，这就造成民营养老机构出现严重的供需错位、资源闲置的现象。第二，关于养老机构的相关法律不健全，对养老机构的管理缺乏立法，养老机构投资风险较大，对于养老机构服务纠纷的责任认定尚缺乏相关的政策规定。另外，公办养老机构在享受政府福利的同时，与民营养老机构实行共同竞争，这种双轨运行的方式挤占了民营养老机构的发展空间。

4. 发展趋势

（1）规模小型化。国外养老社区的床位一般在200张，养老机构规模普遍较小。目前，我国的上海、杭州等地已陆续设立"迷你养老院"，床位规模为10~49张。一方面，养老机构小型化可以缓解土地成本高造成的运营危机；另一方面，养老机构小型化有利于人才集聚，易于机构管理，增加机构的专业化程度，提高老人入住率。

（2）医养结合。医养结合是指将医疗资源与养老资源相结合，实现社会资源利用的最大化。其中，"医"包括医疗康复保健服务，具体包括医疗服务、健康咨询服务、健康检查服务、疾病诊治和护理服务、大病康复服务以及临终关怀服务等；"养"包括生活照护服务、精神心理服务和文化活动服务。医养结合不仅可以解决老年人的养老需求，还能为老年人提供必要的医疗服务。2016年我国相继颁布《关于做好医养结合服务机构许可工作的通知》《医养结合重点任务分工方案》，医养结合逐渐成为我国养老产业的发展趋势。针对医养结合，我国多省市已制定具体举措：北京将具备医疗条件作为养老机构的硬性考核指标；重庆鼓励具有办医条件的养老机构设立医院、门诊部、医务室，鼓励医疗机构开办养老院，积极拓展养老服务。从内涵上说，医养结合超越了传统理念中只强调提供养老服务的单一模式，更加注重养老服务与医疗服务的融合，满足了老年人群的特殊需求，提高了老年人的生活质量。作为社会养老的一种创新模式，医养结合模式是发展中国特色养老产业的必然选择。

（3）投资运营模式多元化。随着养老服务市场的扩大，社会资本投入的积极性显著提高，养老机构投资运营模式不断创新，呈现出多元化的特点，出现BOT、PPP、OT、TOT、BOO等多种组织经营模式。以养老机构PPP模式为例，2016年12月，国务院办公厅发布《全面放开养老服务市场提升养老服务质量的若干意见》，明确提出利用PPP等模式建设或发展养老院。PPP模式作为政府助推养老机构发展的手段之一，近几年出现了较大规模的增长，如图2-8所示。多种投资运营模式对促进我国养老机构发展、实现突破和创新具有积极作用。

三、研究范围

自理型老人相对于介助型老人和介护型老人生理和心理状态更好，对各种娱乐活动、健身运动的热情度相对较高，能够自由地选择活动方式和活动场所，进行户外健康行为的频率较高；介助型老人的生理状况较自理型老人差，活动时多需借助拐杖、扶手等帮助，因而活动内容和活动范围受限；介

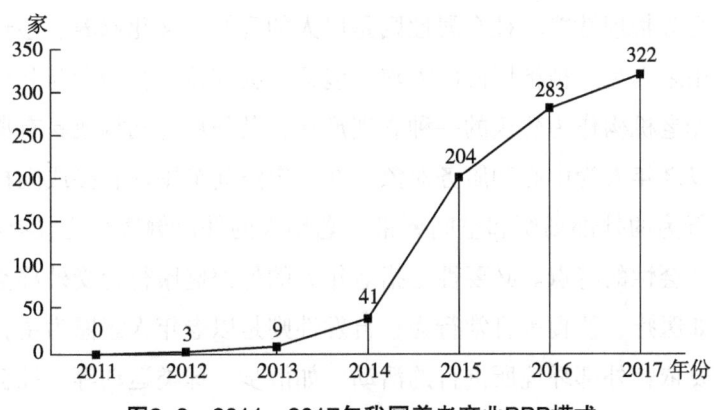

图2-8　2011—2017年我国养老产业PPP模式

护型老人相当于生活完全不能自理的老人，这类老人属于"生活自理能力重度依赖"，全部日常生活需要护理人员照料的老人。介护型老人的一般生活和活动空间都局限于室内，极少参加户外活动，部分介护型老人由于生理或精神状况，甚至完全不能自主参加户外活动。因此，本书的研究范围主要是针对生活能自理的老人和介助型老人，为这两类老人提供养老服务的机构主要是社会福利院、敬老院、老年公寓以及护老院等。

第二节　养老机构缺失外部健康行为空间

一、养老机构外部健康行为空间的定义

空间是与时间相对应的一种客观物质存在，即物体存在、运动的（有限或无限）场所。外部空间和内部空间是空间的两种表现形式。芦原义信在《外部空间的设计》中指出，外部空间始于自然，是由人创造的有目的的外部环境。通常来讲，从物质的角度看，建筑空间包含了地面、墙壁和屋顶三大要素，而外部空间被认为是由地面和墙壁两个要素创造的空间，它是以一定的场地为主体元素，为了满足人们生产或生活的需要，运用各种建筑要素和形式，按一定的空间秩序形成的场所。物质属性和社会属性是外部空间的两大重要属性。其中，物质属性反映了建筑外部空间的物质功能，包含大小、

消防、采光等物理性能；社会属性则是以人的爱好、文化修养、心理活动为出发点，用来满足人精神层面的需求，包括社会支持、社会参与和社会网络等要素。养老机构作为建筑的一种表现形式，其外部空间构成具有典型的适老性，即以老年人为中心和服务对象，在一定空间范围内直接或间接影响老年人健康行为的外部场所和空间要素。老年人的外部健康行为具有必要性、自发性和社会性的特点。必要性是指老年人的外部健康行为受外部空间的影响较小，如医疗、饮食等日常行为；自发性则是以老年人意愿为主，在一定程度上需要依赖外部环境所进行的活动，如散步、球类运动等；社会性则具有较高的被动性，一般是由他人所发起的活动，这类活动对外部空间的依赖性较强，需要在适宜的外部条件下才能进行。

在第一章中，本书将我国老年人的户外健康行为划分为：交际类户外行为、健身类户外行为和休闲类户外行为。为这些户外行为提供一定场所的空间环境必须同时满足老年人的生理特性和心理特性。因此，养老机构外部健康行为空间不仅是连接各个建筑单体的有空间逻辑秩序的场所，而且需要考虑老年人的生理、心理等要素，即满足适老性的要求。我国《老年人社会福利机构基本规范》《老年养护院建设标准》等也对养老机构外部活动空间的范围、适应性等做了相应规定。本书根据养老机构外部健康行为的空间类型将养老机构外部健康行为空间划分为休闲活动空间、绿化景观空间和路径空间。其中，休闲活动空间包括交际行为空间、健身行为空间和休闲行为空间；绿化景观空间包括绿化水体空间、装饰空间和坐息空间；路径空间包括通行空间和道路设施空间，如图2-9所示。其中，交际行为空间主要是指老年人交流活动的主要空间场所；健身行为空间主要是指养老机构为老年人提供球类运动、器械运动等的空间场所；休闲行为空间主要是指养老机构为老年人提供棋牌运动等休闲活动的空间场所。绿化景观空间是指采取技术手段，通过优化绿化空间布局、增设景观展示等途径形成的场所。其中，绿化水体空间是指利用植物素材、绿化特性、地形作用、水体景观等，进行养老机构绿化水体空间设计和配置的场所，包括植物栽种、喷泉、人工湖等表现形式；装饰空间是指为形成一定的视觉效果，运用各种物质组合形成的综合体，包括雕塑、亭子等物质表现形式以及利用配色协调营造的外部空间氛围；坐息空间则是指老年人在活动中按自主、自发的方式所进行的,缓解疲劳、交往等多种活动所需的空间场所。路径空间是路径的本质。凯文·林奇在《城市意象》中指出:"路径,是活动的渠道,观察者偶然地、习惯性地、潜在地沿着道路移动,它可能是机动车道、步行道、长途干线、隧道或是铁路线。"不管路径为何种形式,其包含的空间的构成规律与基本性质始终是相同的,即具有一定空间体积,具有突出路径属性的空间。养老机构路径空间包括通行空间和道路设施空间。通行空间是指养老机构内各种通行道路的集合体,包括道路、梯道、台阶等。由于步行是老年人的主要出行方式,因此,通行空间应该以步行道路和步行无障碍设计为主。道路设施空间则是与通行相关,对通行起辅助作用的各类设施,如路灯、通行标志、扶手、栏杆等。一般来讲,自理型老年人需要足够的建筑外部活动空间,对活动设施以及绿化景观的多样性有较高要求;介助型老年人对环境质量、通行设施的要求较高,一般需要距离居住场所较近且道路交通设施相对方便的空间。

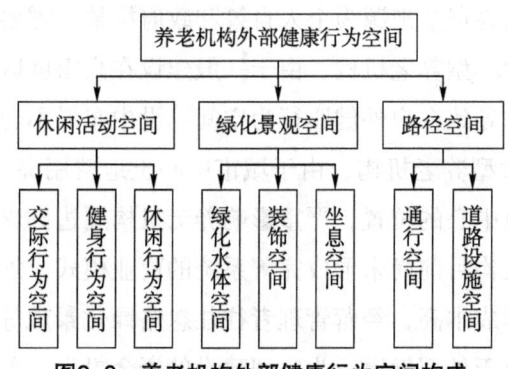

图2-9 养老机构外部健康行为空间构成

二、养老机构外部健康行为空间缺失

随着年龄的增长,老年人机体各组织结构和器官功能逐渐衰退,感知系统、肌肉骨骼系统和思维系统出现不同程度的退化,容易出现焦虑、抑郁等负面情绪。因此,老年人的户外健康行为需要外部支持。养老机构外部健康行为空间应具备安全性、便捷性、多样性和交往性的特点。首先,老年人对危险的应对能力较差,且老年人的户外健康行为具有集聚式的特点,户外危险因素会增加老年人的不安全心理,形成群体效应。因此,养老机构应通过户外空间的色彩搭配等为老年人传递更多的环境信息，增加老年人户外健康行为的安全感。其次，在安全性的基础上，养老机构外部健康行为空间应兼顾考虑老年人的出行便捷性，健康娱乐设施应集中分布于老年人居住环境附近，同时，应考虑路网结构的合理性、空间的连通性等，为老年人打造一个便捷的外部健康行为空间。再次，养老机构外部健康行为空间应具备多样性的特点，充分考虑老年人的背景、经历、地域、教育程度等因素，满足不同层次的老年人对户外健康行为的个性化需求。最后，养老机构外部健康行为空间应具备交往性的特点。养老机构老年人相对于居家养老群体亲情纽带关系更为薄弱，部分老年人与子女生活轨迹出现分离。因此，养老机构应充分考虑外部健康行为空间是否有利于老年人相互交流，同时，应完善养老机构配套设施，为老年人的交往提供场所。但目前我国养老机构受营利、城市布局和政策等影响，户外健康行为空间建设存在一些问题，主要表现在：

1. 养老机构建设成本高

养老机构的主要资金来源为个人自筹和政府拨款，需要资金数量大且隐形成本高。对于中小型养老机构，由于一般建设在高密度区域，很容易受到城市土地的限制，导致在户外健康行为空间建设中布局不合理、景观设计欠缺等问题；对于大型养老机构，由于城市中心土地费用高，成本投入巨大，往往选择远离城市中心的位置，严重影响养老机构周边健康行为空间设施的完善。我国养老机构目前尚未形成完善系统的商业模式，加上养老机构投入大，施工期间隐形成本高，经营管理者往往忽略绿化景观等外部空间环境的打造，进而缺乏对于外部健康行为空间建设的资金投入。养老机构的辐射圈一般来自周围区域，"半小时交通圈"为基础消费群，"三小时消费圈"为机会消费群。由于大型养老机构往往偏离人口密集区，因此，实际入住率往往偏低，长期经营状况不善导致外部空间建设修复力度削弱，外部空间设施老化现象严重。

2. 适老性差

养老机构应充分考虑户外适老环境设计特色。休闲活动设施和道路交通系统应以保护老人的行动安全为前提，增加老人的安全感。但目前我国养老机构无固定的适老化、康复设备采购渠道，适老性差成为养老机构外部健康行为空间缺失的重要原因。第一,从休闲活动空间来看,首先,休闲活动设施老化现象严重,大多数健身设施缺乏管理和维修,脱漆松动现象严重,影响老年人的安全健康;其次,休闲活动类型单一,大多休闲活动形式以管理者举办的敬老活动为主,欠缺对老年人个性和自身需求的考虑;最后,在户外休闲活动区域,缺少手机充电、饮水和物品安放设施,设计细节欠缺人性化。第二,从绿化景观空间来看,首先,机构经营管理者对绿化景观重视程度不够,绿化景观单一,花卉等季相变化不明显,大都以绿色植物为主,没有考虑功能性植物的应用且缺乏地域特色;其次,养老机构中的户外坐息空间以露天形式为主,对于阴雨等天气,缺乏适当的遮挡设施,给老年人户外休息带来不安全的心理因素,同时户外坐息设施大多采用石材、金属等材料,受气温变化影响较大,具有冬凉夏烫的特点,不适宜在温度较低或者天气炎热的条件下使用;最后,对于水体景观,由于欠缺管理,水质变差、水体恶臭现象普遍,水池周围缺少护栏等保护设施,降低了老年人进行户外活动的主动性。第三,从路径空间来看,首先,我国大多数养老机构的路网结构均采用人车混行的模式,步行是老年人进行户外健康行为的主要方式,人车混行既不利于确保老年人的出行安全,也不利于对外来车辆、人员的管理;其次,由于经营状况不善,很多养老机构出现路面铺砌严重老化的现象,没有进行及时维护保养,导致路面出现积水、坑洼的现象;再次,由于停车空间的局限,不少非机动车辆仍采取路边停放的方式,给老年人出行带来极大的安全隐患,同时,养老机构中老年人使用代步车现象普遍,但大多养老机构并未考虑无障碍停车设计;最后,养老机构道路辅助设施空间存在缺失现象。现有的交通标识老化,标识文字颜色不醒目且字迹模糊,不利于老人识别,同时,道路路灯光线发散严重,老年人夜间出行容易出现眩光现象。

3. 法规政策不健全

我国养老机构抗风险能力弱,对于老人伤害事故处理的办法或规定尚未形成正式的法律法规,部分养老机构对于户外行为的安全事故发生尚未形成风险应急预案,事故发生后往往陷入复杂的法律纠纷中。虽然我国养老设计规范对于养老机构无障碍设计、交通设施等做了相应规定,但缺乏精细化的设计考量，对于具有地域差异的要素未进行深入规定，如南方地区夏季多雨，户外排水设施应充分考虑到地面积水过多等情况。

　　养老机构外部健康行为空间缺失是我国养老机构发展中不可规避的问题，外部健康行为空间的缺失不仅会影响老年人进行外部健康行为的主动性，还会影响社会老年群体对养老机构的选择，严重制约我国养老机构的长远发展。

第三章 我国老龄化进程中养老机构管理的相关政策

随着社会的不断发展，我国人口规模继续增大，老年人口占全部人口的比例将持续上升，我国将面临更加严峻的养老形势。随着我国人口主要矛盾由增长过快转变为人口红利消失，社会年轻劳动力开始减少。为了应对人口老龄化给社会发展带来的影响，2016年1月，我国全面放开二胎政策，二胎政策的实施标志着我国人口政策迈入了新的阶段，政策的沿革也始终关系着我国人口发展和社会结构的变化。

第一节 养老产业政策和规划研究

一、国家层面相关养老政策和规划研究

2013—2014年，我国在规范养老市场、加快养老服务体系建设上做出了详细说明，从政策角度对人口老龄化做出了战略部署，并出台了相关政策。2013—2014年我国主要养老政策如表3-1所示。

表3-1 2013—2014年我国主要养老政策

时间	文件	主要内容
2013-09	国务院关于加快发展养老服务业的若干意见	从服务体系、产业规模和发展环境上对我国养老服务业提出新的要求，在投融资、土地供应、税费等方面进行了政策规定
2013-09	国务院关于促进健康服务业发展的若干意见	积极发展与健康相关的保险服务、自主知识产权产品、医疗服务等，积极开发与养老相关的健康产品
2014-08	关于做好政府购买养老服务工作的通知	从资金、制度等角度规范了失能老人的养老服务，对于完善养老服务体系具有重要意义

续表

时间	文件	主要内容
2014-09	关于加快推进健康与养老服务工程建设的通知	加强养老服务体系和体育设施建设，鼓励社会资本参与养老事业，各地方在编制有关规划时将养老作为重要内容布局，同时充分利用政府购买、价格等因素实现对养老服务市场的支持和调控
2014-11	商务部、民政部共同公告：鼓励外国投资者在华设立营利性养老机构	进一步扩大养老服务市场，鼓励和提倡国外资本投资

2015—2016年是我国养老政策出台的关键时期，在这一时期，我国大量出台与养老相关的法律政策，从养老服务业发展方向、养老体系建设趋势等新的维度对我国养老服务市场进行了政策层面的规定。在政策的驱动下，我国养老服务业开始积极探寻新的发展模式，养老与医疗、旅游、互联网、社区等结合的新模式应运而生，政府政策在我国养老服务体系建设中的导向作用逐渐加强，政策利好不断，政府进一步放开养老服务市场，鼓励民间和外来资本投入养老。伴随我国养老政策的大量出台，我国养老服务市场的管理质量、发展水平不断提高，我国养老机构的转型升级逐渐加快，养老市场进入了多领域融合、多种发展模式并行的新阶段。2015—2016年我国主要养老政策如表3-2所示。

表3-2　2015—2016年我国主要养老政策

时间	文件	主要内容
2015-02	关于鼓励民间资本参与养老服务业发展的实施意见	全面放开养老市场，鼓励多种养老服务建设模式并行，鼓励医疗与养老体系结合，加强对养老机构专业人员的培训和管理，不断提高我国养老机构的服务质量
2015-04	关于印发中医药健康服务发展规划的通知	通知指出要将中医药与我国养老服务体系相融合，发展具有中医药特色的养老服务新模式
2015-11	关于推进医疗卫生与养老服务相结合的指导意见	我国政府进一步鼓励将医疗与养老相结合，明确医养结合体系建立的意义和重要性，同时要积极将医疗服务拓展到社会和家庭，提升医疗机构上门服务的能力。意见对我国养老机构和卫生服务机构的服务人员提出了具体要求，要求建立具有专业性、素质化的人才队伍，医疗机构应为老年人提供看病绿色服务通道，解决老年人看病难的问题
2016-02	关于印发中医药发展战略规划纲要（2016—2030年）的通知	大力发展中医药健康养老服务，推动中医药与养老融合发展，积极拓宽社会资本投入渠道，探索设立中医药特色医养结合机构，建设一批医养结合示范基地

续表

时间	文件	主要内容
2016-03	关于金融支持养老服务业加快发展的指导意见	意见从促进多层次金融组织体系、开展养老领域金融业务、创新养老信贷服务等角度对促进我国养老服务业发展、加快养老服务转型升级提出了政策建议
	关于2016年深化经济体制改革重点工作的意见	进一步提升我国养老领域投资力度，加快构建对外开放体制，推动医疗、医药、养老事业改革
2016-11	关于确定2016年中央财政支持开展居家和社区养老服务改革试点地区的通知	通知提出加大国家政策的导向作用，增加养老领域的资金投入，将社区养老和居家养老相结合，积极探索多种方式并存的新型养老服务模式，以人口老龄化程度、社会经济发展水平等为原则，确定我国第一批居家、社区养老改革试点城市。试点城市涉及20个省和直辖市，其中成都市入选第一批名单
2016-12	关于全面放开养老服务市场提升养老服务质量的若干意见	意见以放开市场、鼓励创新、优化环境等为基本原则，提倡养老机构的小型化和专业化，实现城市、农村养老资源的协调，从信用建设、价格、政府服务等角度进一步优化养老服务市场环境

2017—2018年，我国继续在医养结合、养老保险、鼓励民间资本、税收优惠、财政补贴、智慧养老等方面出台相应政策，进一步规范了我国养老服务市场，充分发挥政府在养老服务体系建设中的主导作用，我国智慧养老产业发展进入一个新阶段。2017年2月，我国颁布《"十三五"国家老龄事业发展和养老体系建设规划》（以下简称《规划》），规划对"十二五"时期我国养老体系主要发展指标完成情况进行了通报，除老年教育率、老年协会城乡社区创建率和城镇职工基本养老参保人数三项指标未达到预期目标外，其余指标均顺利完成。其中，农村五保供养平均标准年均增长率指标完成率达219%，基层老年法律援助覆盖面等指标完成率达131%，这标志着我国养老服务事业取得了较大进步，人民幸福感显著增强。规划明确了"十三五"时期我国养老事业的发展目标，突出了养老体系建设的内容，提出要大力发展居家社区养老服务、加强社区养老服务建设、加快公办养老机构改革、全面提升养老机构服务质量等任务，旨在为老年人提供多样化、高质量、公平可及的养老服务。此外，规划还从养老保险、长期护理保险等方面做出制度安排，这将有利于推动中国特色的老龄事业和养老体系更加成熟定型。2017年11月，我国宣布第二批国家和社区养老服务改革试点城市，未来将会有更多的城市加入居家、社区养老模式中，我国养老事业将朝着小型化、专业化的方向发

展。2017—2018年我国主要养老政策如表3-3所示。

表3-3 2017—2018年我国主要养老政策

时间	文件	主要内容
2017-02	关于印发"十三五"国家老龄事业发展和养老体系建设规划的通知	总结我国"十二五"时期养老服务体系建设取得的成就,指出未来我国养老形势将更加严峻,尤其是农村老龄化程度将进一步加深。规划从社会保障、养老服务、健康支持、精神文化生活等角度对"十三五"时期我国老龄事业主要发展指标进行了阐述
	智慧健康养老产业发展行动计划	计划针对我国养老产业发展的现状,强调加快智慧健康养老事业发展,将养老服务体系与互联网、大数据、云计算等相结合,实现养老资源的有效配置,满足老年人对多层次养老服务的需求
2017-05	国务院办公厅关于支持社会力量提供多层次多样化医疗服务的意见	意见以放宽准入、有序发展等为基本原则,要求加强我国社会力量医疗技术,打造一批专业化的人才队伍和一批具有竞争力的医疗机构,规划同时指出,要从人力资源保障、保险支持、医药新技术应用、税收政策、用地保障等角度进一步加强政策的引导作用
2017-06	关于印发服务业创新发展大纲的通知	我国要大力推进服务业的创新发展,继续加强智慧养老服务体系建设,加快我国养老服务体系转型升级
2017-11	关于确定第二批中央财政支持开展居家和社区养老服务改革试点地区的通知	以人口老龄化程度、社会经济发展水平等为原则,确定我国第二批居家、社区养老改革试点城市。试点城市涉及17个省和直辖市,其中,四川省攀枝花市和遂宁市入选
2018-05	居家老年人康复服务规范、老年人助浴服务规范	规范发布关于居家老年人康复及助浴服务标准,完善护理服务体系
2018-07	关于贯彻落实国务院常务会议精神做好取消养老机构设立许可有关衔接工作的通知	目前我国社会个人养老金普遍不足,为实现"老有所养"的重要民生举措,要积极推进税延养老保险以实现个税"减负"和养老金加速增值
2018-05	民政部 财政部关于确定第三批中央财政支持开展居家和社区养老服务改革试点地区的通知	以中央引导、政府主导、突出重点等为基本原则,继续明确政府在居家养老服务体系中的主导作用,鼓励通过创新解决我国养老事业发展中的短板问题

二、地方养老政策和规划研究

随着我国养老政策的不断出台,在国家宏观政策的驱动下,我国地方政府结合地区老龄化程度和养老事业发展现状相继出台了相关养老政策。这标志着我国养老事业总体呈现加快发展趋势,国家和地方继续加大对养老事业的扶持力度，政府在养老服务体系建设中的引导作用逐渐加强，我国养老发展大环境得到改善。我国部分省市养老政策汇总如表3-4所示。

表3-4　我国部分省市养老政策汇总

省市	文件	主要内容
广东	社会保障事业发展"十三五"规划	规划规定了"十三五"时期广东省养老发展目标：制度体系更加完备，基本实现应保尽保，保障水平逐步提高，服务体系更加健康；同时，规划从参保人数、参保率、社会保障卡持卡人口覆盖率、最低生活保障标准等角度构建了"十三五"时期指标目标体系。对于养老服务体系建设，规划要求广州、深圳、东莞等地养老床位数要达到总老年人口的3.6%以上，到2020年，全省范围内的养老机构应构建医疗与养老相结合的机制
北京	北京市社区养老服务驿站建设规划	规划从数量、区域分布、建设计划等角度对北京市养老服务驿站建设进行了要求。计划建设项目的区域囊括首都核心功能区、城市发展新区、城市功能拓展区和生态涵养区，其中，城市功能拓展区和城市发展新区计划建设项目超过300个
山西	关于进一步规范农村社区老年人日间照料中心建设的通知	计划截至2020年，全省累计新建2400个农村老年人日间照料中心，进一步扩大农村日间照料中心建设，加快农村养老服务体系发展，解决城乡养老服务中的不平衡问题，对于每个日间照料中心，由财政进行一次性资金补贴
河南	关于印发河南省推进健康养老产业转型发展方案若干政策和产业布局规划的通知	以发展医养融合、推动居家社区养老、加快市场主体培育、推进示范基地建设为发展目标，着力构建创新化、智慧化的养老服务体系，完善养老产业的考核机制，完善地方养老政策体系，逐步形成良好的养老发展环境
天津	天津"十三五"老龄事业发展和养老体系建设规划	在"十二五"时期天津养老服务事业快速发展的背景下，"十三五"时期，天津养老服务体系的主要任务是：健全完善的社会保障体系，扩大养老服务有效供给，健全健康支撑体系，发展医护结合的养老模式，积极推进老年消费市场建设，进一步丰富老年人的精神文化生活
山东	关于建立居民基本养老保险待遇确定和基础养老金正常调整机制的实施意见	重点关注中低收入群体的收入情况，从缴费激励、养老金调整、缴费补贴等方面进一步完善居民养老保险待遇确定机制，逐步提高居民待遇水平，解决农村困难群众的保障问题，在全国率先建立起综合性的养老保障制度，构建信息、服务、制度相结合的养老保险体系
四川	四川省医疗卫生与养老服务相结合发展规划（2018—2025年）	发展规划具有开创性、综合性、前瞻性、创新性和可操作性的特点。该规划是全国范围内首个将医疗与养老相结合的综合性发展规划，医养结合涉及财政、卫生、民政等多个部门，要加强政策在各部门衔接中的引导和协调作用，同时要积极利用医疗卫生资源、社会闲置资源等对医养结合模式进行优化，建立更加高效、便捷的服务体系

续表

省市	文件	主要内容
上海	关于规范本市保基本养老机构（床位）管理的通知	上海对本市保基本养老机构（床位）进行了界定，对保基本养老机构（床位）的举办、数量、设施、服务对象等提出了要求，提出全市要加强对于保基本养老机构（床位）的评估，通过建立监督机制加强对提供保基本床位的养老机构实施名单的管理
浙江	浙江省人民政府关于加快发展养老服务业的实施意见	意见提出到2020年，浙江省养老发展的基本目标为：大幅提高养老服务能力，显著扩大产业规模，逐步优化产业发展环境。规划要求要以发展居家养老服务、发挥各类服务设施作用、发展养老服务组织为主要任务，进一步加强全省范围内的养老机构建设，大力推动农村养老服务转型升级
湖南	关于全面放开养老服务市场提升养老服务质量的实施意见	进一步放宽养老服务市场的准入条件，优化养老机构的申办手续，减少申办过程中重复和不必要的程序，同时，意见提出要改进政府服务，充分发挥政府在养老机构申办审批中的作用，政府部门要相互配合协调，压减和理顺审批事项的前置条件

第二节　养老政策转型和效应综合性研究

一、政策细分领域和政策转型升级研究

随着经济社会的发展，目前我国养老行业进入细分领域且正式落地的阶段。养老产业链长，养老政策的具体内容往往涵盖住宅、药品、教育、互联网、金融、医疗、旅游、体育、文化等多个领域。以养老住宅为例，养老住宅在前期研判阶段需要地产企业的全程参与。随着重心从开发端移至运营端，住宅周边的交通基础设施、商业、护理医院、娱乐设施等以住宅为中心点呈现分布式构造格局。养老产业不仅需求量大、辐射面广，而且对经济的贡献巨大。因此，养老产业一直是国家鼓励发展的重点产业，是政府部门进行经济调控的有力手段。从养老产业领域的具体分类来看，宏观规划、养老金融、医养结合是养老政策涉及的主要领域；从数量分布上来看，涉及宏观规划的养老政策最多，远远超过其他领域的养老政策，养老金融领域政策数量仅次于宏观规划领域，与医养结合领域有关的政策数量位列第三。居家养老/社区养老和智慧养老与其他领域相比较出台直接的指导文件少。根据养老政策领域分类的统计结果，我国养老政

策依旧是以宏观领域政策为主导，鼓励多种养老模式共同发展，养老金融、医养结合是我国养老政策中最为关心的政策领域，智慧养老、居家养老和社区养老则代表新时期我国养老政策的发展方向和发展趋势。2015—2017年我国养老政策领域分类统计如图3-1所示。

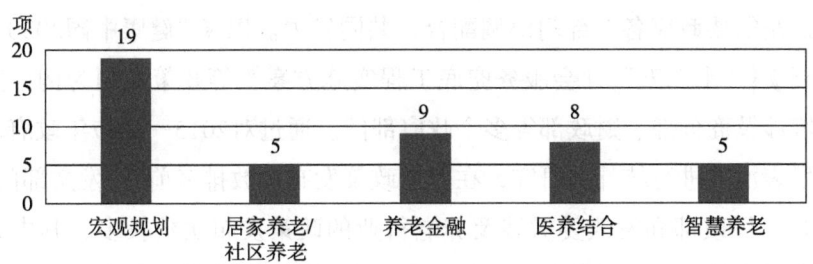

图3-1　2015—2017年养老政策领域分类统计

注：机构养老、PPP项目、养老地产不在统计范围。

根据相关统计资料，2015年，国家层面出台11项关于养老行业的相关政策；2016年，我国中央出台19项关于养老行业的相关政策，是我国养老服务业政策出台最多、最丰富的一年，相较上年上升73%，远超2015年和2017年的数量。相关政策的出台直接影响了近几年的资本动向、产业走向和供给侧结构性改革的发展方向。2017年，我国养老服务业政策出现下滑趋势，同比下降90%。这是因为我国养老行业政策进入转型升级的新阶段，养老政策由过去的关注社会政策、重视宏观领域政策研究转向扶持产业、扶持市场转型、促进多种养老模式共同发展，如智慧养老、医养结合、居家养老/社区养老等。2015—2017年我国养老政策出台数量如图3-2所示。在经济发展水平不断提高的背景下，我国政府积极应对人口老龄化，不断创新养老服务模式，促进养老政策转型，这也是实现多层次、全方位养老需求的必经之路。

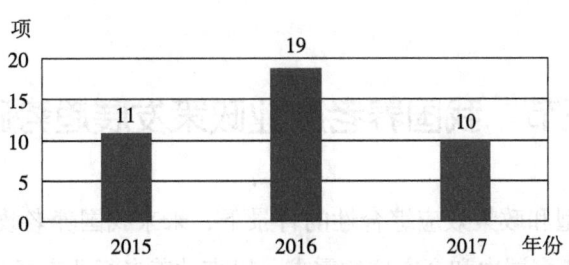

图3-2　2015—2017年我国养老政策出台数量

二、养老政策效应综合性研究

养老政策的制定涉及财政、卫生、安全、发改、教育、国土等政府多个部门,同时,养老政策的实施与落地也不再是某一部门的工作计划和工作要求,而是需要政府各个部门协调配合,共同发力。以《"健康中国2030"规划纲要》《"十三五"社会服务兜底工程实施方案》等政策规划为例,其发文内容涉及商务部、财政部等多个政府部门。通过对2015—2017年政府宏观政策发表次数进行统计和研究,在养老政策发布次数排名前5的发文部门中,国务院、民政部和发改委对涉及养老行业的政策发布次数较多,其中,国务院和民政部分别占总数的27%和29%,排在第3~5位的分别是发改委、卫计委和财政部,2015—2017年养老政策发布次数排名前5的发文部门统计如图3-3所示。

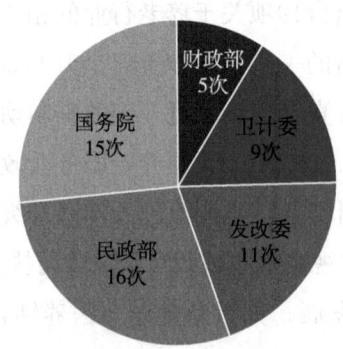

图3-3　2015—2017年养老政策发布次数排名前5的发文部门统计

注:涉及联合发文,部门有多次出现情况。

第三节　我国养老产业政策发展趋势研究

在政策转型和政策效应综合性的背景下,未来我国养老政策的制定将不断适应养老服务多层次和全方位的需求,以带动养老行业市场高速发展。

一、推进养老服务标准化建设

随着养老服务市场的全面放开,政府在养老服务的主导作用逐渐弱化,政府从主导者的角色转变为规范化、标准化市场制度的制定者和监督者。因此,未来国家养老政策的发展趋势会继续以宏观制度为主,弱化政府在市场竞争中的作用。

伴随我国老龄化进程的日益加剧,虽然养老服务产业取得了显著的成绩,但养老机构在发展过程中还存在一些不足,如养老机构质量参差不齐、地方对于强制性政策的完成度不高等问题凸显。这就要求未来政府在政策制定过程中应进一步加强养老机构管理体制建设,促进养老服务市场的规范化发展。随着智慧养老概念的兴起,养老机构也逐渐与互联网、大数据、云端等新型技术融合。政府应着力构建智慧养老服务平台,并从制度角度对使用者进行规范。通过智慧养老服务平台,政府可以随时监督养老机构的服务质量,家属可以及时了解老人情况、养老机构内部的服务水平和管理水平。上述举措有助于提高政府在政策制定中的决策能力,进一步提高养老机构的服务质量和管理水平。

二、加大养老服务专业人才培养力度

人口老龄化给社会发展带来了巨大的压力,也给养老事业发展创造了契机,到2017年末,我国养老服务机构及设施数量总计已超过15万家,养老机构床位数超过740万张,养老机构在规模和数量上实现快速增长。提质增效是对我国养老事业发展做出的基本要求,由于养老行业吸引力低、缺乏保障,在公众认知中一直被视作低收入、低门槛行业,这就造成我国养老机构和服务设施专业人才极其匮乏,人才培养极不充分,农村地区养老机构的专业人才匮乏现象更为严重。要构建具有专业知识的人才队伍,应发挥政府的主导作用。2014年,我国教育部、民政部等部门联合颁布的规定中明确鼓励高校增加老年学、康复治疗等学科。高校作为就业的主力军,更是要注重专业人才的培养,通过创新教学模式等手段吸引更多的高素质人才,同时要充分发挥政府在保障就业、福利优惠等方面的作用,设立专项补助资金以吸引更多的年轻人前来就业。目前，我国养老行业服务人员素质参差不齐，尤其是一些农村养老机构，缺乏专业的服务人员，这是我国养老机构实现提质增效、转型升级必须解决的问题。因此，政府应通过颁布相应的法律法规健全养老机构服务人员管理体制，构建人员服务能力和服务质量评估体制，引导和鼓励社会各方面力量积极投入老年服务产业。

三、发展具有中国特色的养老事业

我国社会结构老龄化的特殊性决定了我国必须发展具有中国特色的养老事业。相比于法国用了115年进入老龄化社会，我国只用了18年便进入老龄化社会，明显高于世界平均水平。一方面，这是由我国人口基数大、人口增长快的人口现状决定的；另一方面，人口与社会经济的发展密切相关。与日本"边富边老"的老龄化模式不同，我国处于"未富先老"的发展阶段。目前，我国城市养老机构已经形成了一定的数量和规模，但农村养老机构发展尚处于起步阶段。受传统观念影响，大多农村老人以种田为生，通过自给自足的方式度过晚年。虽然我国农村居民收入不断增长，但城乡居民收入仍存在较大差距，养老保障体系建设面临严峻的形势。首先，政府在制定养老政策时，要关注社会全体老人的生存现状，解决社会全体老人的保障需求，提高居民的健康保障意识，尤其是增加农村老年人对社会保障体制的认知。其次，随着社会的不断发展，年轻人面临巨大的就业压力，独居老人开始增多。因此，政府应借鉴德国、韩国等国家的做法，鼓励多代同堂，解决老无所养的问题，同时对于家中有高龄老人的职工，应建立完善的休假制度，方便职工对老人的照料。再次，我国相关政策明确提出将中医药与养老服务体系相融合，但对于政策的实施与落地尚缺乏管理和监督体制，政府应鼓励养老机构举办与传统文化息息相关的活动，规划重点发展的传统文化领域，帮助老年人通过参与活动回忆过去的生活、增加自我认同感。最后，政府应鼓励中小学生到养老机构参加志愿服务活动，培养学生自主践行社会活动的观念，同时也在全社会营造敬老爱老的氛围。

第四章　国内外关于老龄人口户外健康行为研究现状

随着我国进入老龄化，养老问题日益突出，如何提高老年人居住质量，保障全体老年人"老有所养、老有所乐"已成为全社会的共同关注的问题。我国《老年人照料设施建筑设计标准》（JGJ 450—2018）中明确指出：要提高老年人照料设施建筑设计质量，符合健康、卫生、经济、安全、环保等基本要求，以全面提升老人的居住质量。《老龄蓝皮书：中国城乡老年人生活状况调查报告（2018）》指出，我国老年人在健康方面存在诸多问题：第一，由于身体机能减退，老年人更容易患高血压、骨质疏松等慢性病。在60岁以上老年人的死亡中，超过50%的归因于高血压和饮食风险，超过70%的老年人出现过听力受损、牙齿健康状况较差、头晕头痛等现象。第二，我国老年人经济宽裕的比例持续提高，经济状况较过去有较大改善，在保健品等方面不断形成消费热点。但与此形成对比的是，接近半数的老年人缺乏锻炼且有明显的睡眠问题，老年人口寿命质量并不乐观。第三，我国老年人普遍面临看病难的问题。根据蓝皮书的相关统计，老年人医疗自付费用占到总费用的一半，大型医院收费高、排队时间过长等问题严重影响了老年人的就医需求。

截至2018年，全球已有超过100个国家进入老龄社会，解决人口老龄化问题成为世界各国的共识，也是全社会的共同行动。联合国在"第二次老龄问题世界大会的后续行动"中曾指出：要提高老年人的社会价值和社会作用，使老年人积极参与到社会发展中，就必须要重点关注老年人的寿命质量。户外健康行为是提高老年人健康质量、拓展老年人社会网络的重要途径。国内外对于老年人户外健康行为进行了诸多研究，研究方向主要集中于外部健康行为空间研究、老年人户外健康行为及空间促进研究和健康—行为—环境作用机理研究。

第一节 外部健康行为空间研究

外部健康行为空间是老年人进行户外健康行为的主要场所,外部空间的规划与设计直接影响老年人户外健康行为的频率和效益。养老商品住宅市场的巨大利润空间使开发商重点关注内部空间的规划和设计,往往忽视外部空间的打造。外部健康行为空间存在布局不合理、缺少私密性空间、路面状况较差等诸多问题,外部空间的规划和设计往往缺乏适老性,如场地缺少无障碍设计、大量使用硬质路面、座椅间距过大、开敞空间过于狭窄等,这些问题的存在使老年人的活动空间向绿化空间挤压,大量绿化景观遭到破坏,加剧了外部空间的恶化。

一、国外外部健康行为空间研究

国外注重对外部健康行为空间的细节设计,通过合理布局,延缓老年人对于衰老的抗拒心理。美国太阳城养老社区位于亚利桑那州凤凰城郊区,那里全年超过300天能够接受日照。适当的阳光照射可以增加人体维生素D的合成,对骨质疏松有很好的预防作用。在住宅设计上,社区将所有居住区打造成平房或别墅,将居住区与自然环境相结合,减少老年人上下楼时间。除此之外,社区还拥有大量的休闲设施。西班牙拉科鲁尼亚养老院注重外部空间的色彩设计,创造了一个白色的平静空间。荷兰失智天堂村选址于里瓦斯的一个村落,这里的入住老人大部分为认知症老人。该养老机构将整个环境设计为开放空间,在外部空间大量种植颜色鲜明的花卉,将外部空间与真实生活情境相结合,最大限度地发挥外部环境对老年人健康的促进作用。

1985年,美国学者卡斯坦斯在《针对老人的场地规划和设计》(*Site Planning and Design for the Elderly*)中,从养老场地的布局、设计等方面对养老设施的适老性提出了建议,她认为外部空间的合理设计可以有效提升老年人的健康质量,延长老年人寿命。随着年纪增大,老年人的焦虑、烦躁等情绪会逐渐加重,在养老设施建设方面,应重视外部空间的打造,通过延长老年人与户外接触的时间,排遣老年人的不良情绪。2001年,马库斯在《人性化城市户外空间设计指南》中强调养老设施外部空间的人性化设计，即外部空间必须满足入住者的身体、心理需求。除此之外，他还从空间出入口、步行道、绿化空间等方面对养老机构外部空间的细节化设计提出了意见，认为户外空间是改善老年人寿命质量的迫切需要。日本学者野村欢通过研究日本已有养老机构外部空间的规划设计，梳理空间设计要点，基于日本养老政策和规划对未来日本户外空间的打造提出了详细建议。雷尼尔通过研究美国老年建筑的形式和设计细则，发现2/3的底层户外活动设施在大风时会出现明显的废气倒灌现象，严重影响户外空间的质量，同时他在研究中指出：在户外空间的规划和设计过程中，应充分考虑老年人的户外出行时间和出行频率，保障户外空间得到最大限度利用。

二、国内外部健康行为空间研究

我国关于外部健康行为空间的相关研究起步较晚，新中国之初，我国开始探索建立新社会福利制度。改造建立了养老机构，包括福利院、敬老院等。20世纪80年代，随着养老保障制度的改革和老年居住建筑规模的不断扩大，我国开始逐渐关注外部空间在养老建筑中的重要作用。1992年，建设部等部门在全国范围内进行了"园林城市"的评比，各城市开始重视对户外绿化用地的打造，公园建设速度的加快引起了人们对户外空间打造的重视。2007年，张吉祥从绿化空间、无障碍设计等角度对老年公园的外部空间进行了规划和设计。2010年，梁芳对长虹公园、河东公园、水竹花园等地展开了问卷调查，调查结果显示：户外空间存在布局结构不合理、场地环境状况不理想、缺少私密空间、活动设施布置不合理等问题。2010年，王欢对南京3个公园的老年人进行了问卷调查，调查结果显示：广场、园林建筑等是老年人最喜爱的户外空间设施，缺乏绿地的养护管理、绿地面积较少是影响老年人户外健康行为的主要原因。2013年，李兆宇以重庆市城市公园户外活动空间为例，分析老年人户外活动需求和心理特征，归纳了重庆老年人户外活动类型，通过对户外休闲娱乐、运动健身、交往休息和无障碍设计规划和策略的研究，对重庆花卉园户外空间设计提出了优化建议。2016年，董撒以人的行为空间理论为基础，以雁塔西苑、环城公园等为例，对老年人户外活动场地进行了实证研究，并以此提出老年人户外空间的设计策略。2018年，周建军对国内外的养老政策做了深入研究，提出养老地产的规划和设计应遵循先进性、整体性和效益性的原则，他以麓林湖养生公馆为例，对外部空间中的场地和景观提出了优化策略。

第二节　老年人户外健康行为及空间促进研究

户外活动是提高居民健康水平的重要手段。根据《中国跑者调查报告》数据显示，2017年，我国居民最喜欢的训练方式是慢跑，人数比例超过90%，慢跑运动能促进糖分的代谢，有效降低血糖。同时，慢跑运动时，心肌收缩力加强，能有效减少血管的血液承受压力，对于控制血压稳定具有积极作用。随着人们对户外健康行为认识的深入，国内外学者对老年人户外健康行为及空间的促进作用进行了研究。

一、国外老年人户外健康行为及空间促进研究

年龄、健康状况、户外环境、社会经济水平等是影响老年人户外健康行为的主要因素，同时，户外健康行为及空间通过对老年人生理和心理产生促进作用，被认为是提高老年人寿命质量的重要手段。

美国爱荷华州立大学生物医学中心通过大范围研究认为，跑步者的患病概率远远低于不经常运动的人群，每天跑步5分钟可以延长寿命，降低死亡率。英国国家健康服务中心通过研究英国老年人的运动习惯和运动频率发现，超过半数的75岁以上老年人每周锻炼时间少于30分钟。英国牛津大学的专家指出，适当的户外锻炼可以减少老年人患关节炎、老年痴呆的概率，恰当的运动对改善肌肉骨骼功能、提高身体灵活性具有重要意义。美国芝加哥植物园以康复性景观花园为设计理念，重点研究植物的颜色、气味、外形和种类，通过打造不同主题的园区，利用植物的不同季相以及将植物与无障碍景观设施相结合，让不同身体状况的老年人都能享受此空间，让老年人真正的接触和感受自然。Roger通过实验证明，老年人在自然环境中的自发行为可以有效

改善他们的身体状况，起到缓解焦虑、稳定血压的作用。Meyer通过研究瑞士8000余名老年人的户外活动频率发现，社会经济水平与老年人的户外健康行为具有显著的相关性。Verena等（2003）通过研究户外健康行为的促进机理指出：户外健康行为与老年人的老化密切相关，适当的户外健康行为可以改善身体状况，使老年人保持乐观情绪，降低死亡率。Rodiek以老年人在室内和室外花园活动为对照，发现在室外花园活动中老年人的唾液皮质醇水平明显低于室内老人，表明花园环境有更好的压力缓解作用。Grahn通过实验发现，在户外参与健康行为的老年人由于长时间处于绿色环境中，其注意力更加集中，绿色环境对缓解情绪紧张、焦虑等具有重要作用。

二、国内老年人户外健康行为及空间促进研究

我国户外运动起步相对较晚，20世纪80年代，户外运动从欧美国家传至中国。21世纪以来，随着国家经济形势利好、人民生活水平不断提高，政府开始积极推进体育文化设施建设，民众开始接触形式更加多样的户外运动，我国掀起了户外运动的热潮。崔玉刚对老年人参加轻体育运动的动机和方式进行研究，分析老年人轻体育运动现状，发现轻体育运动强度与运动时间和运动频率呈负相关，因此，通过延长运动时间和频率可以有效提高老年人的生活质量。李春华对社区健身运动进行了相关研究，研究结果表明：老年人进行户外轻体育运动可以减少血液循环压力、提高心肺功能，轻微的运动可以促进肠胃蠕动，增加肌肉力量；同时，老年人进行适当的户外运动可以对亚健康产生明显的拮抗作用，能够促进人体释放内啡肽，保持心情愉悦，对于预防植物神经紊乱、调节内分泌系统、改善睡眠质量等具有重要意义。张宇通过分析医院外部空间使用人群和医院外部空间景观案例，总结外部空间康复景观的设计原则，并以邯郸市第一医院为例，对医院外部空间进行了优化设计，他认为外部空间康复景观的打造应考虑更多行动能力较差、年纪较大、身体机能明显降低老人的需求，康复景观可以有效改善老年人抑郁的症状，减少患者与环境之间的距离感，增加病人的活力。李金平对户外健康行为的作用机理进行了深入探讨，通过设立晨练组和不经常参加体育运动两个组别，利用世界卫生组织生命质量测定表和统计分析方法进行了对比研究，

研究结果表明：晨练组的总体健康状况、心理、社会关系等领域得分均高于对照组，晨练组老年人对于自身身体状况满意度较高，对于药物的依赖程度明显低于对照组。杨来宝等人以上海市宝山区1188名老年人为研究对象，根据宝山区《老年人体育锻炼与身心健康状况调查表》，从生理功能、心理健康、社会功能、总体健康等方面对锻炼组和非锻炼组老年人进行对比研究，研究结果表明：规律运动老人得分高于非规律运动老人，非锻炼组老人得分最低。因此，长期参与户外体育锻炼能显著提高老年人的生命质量。通过适当的户外锻炼可以促进老年人的身体健康，运动时间过长则不能达到最佳效果，而规律性的运动对于改善生命质量效果最好。

第三节 健康—行为—环境作用机理研究

一、国外关于健康—行为—环境作用机理的研究

国外关于健康—行为—环境的相关研究主要从行为、环境与健康的关系展开。人的行为受到环境的影响，反过来，环境的变化与人类行为密切相关，人类健康是人类行为和环境共同作用的结果。西方国家由于进入老龄化时间较长，在解决老龄化问题方面积累了较多经验。同时，西方国家具有较完善的社会福利政策，老年环境也被纳入社会福利政策之中，这使国外老年居住环境普遍较好，并且在市场运作、投资管理等方面较为成熟。因此，国外老年人对于居住环境的满意度和认可度较高。日本的老龄化程度较高，在解决社会结构老龄化问题上积累了很多经验和教训。日本将老年人的健康、行为和外部环境紧密相连，充分考虑社会全体公民的需要，尤其注意外部环境的适老化设计。日本电器化程度较高，住宅设计也充分结合电器化设计，如设计可以负重升降的坐便器等。同时，日本强调充分发挥老年人的自理能力，增强老年人在社会中的归属感，通过鼓励老年人积极参与社会事务来延缓社会结构老龄化进程。通过将环境设计与人的主观行为和健康紧密联系，日本避免出现"未富先老"的社会结构。美国构建了较为完善的环境与健康管理

体制，1970年美国国会通过了《国家环境政策法》；2002年，美国国家环境交流系统与国家环境公共健康追踪系统实现了信息共享，确定了公众健康优先的环境理念；2003年，美国环保局第一次重点关注老年人健康与环境危机，老年人与年轻人的身体素质不同，在受到疾病侵袭时往往更难恢复，由此美国环保局正式发起了"环境危险与老年人健康"的项目倡议。

　　Davison等通过研究外部环境的布局和功能特征，发现外部环境与人的行为存在显著的正向关系，即外部环境越好，人进行户外活动的意愿越强烈，人的健康水平受到环境和行为的影响就越大。同样，外部环境又受到人类行为的影响，人类的户外活动会影响外部空间的功能与布局，人类追求健康生活的意愿会增加人类户外健康行为的频率。Brownson通过研究外部环境的促进机理，提出适当的外部环境可以改变人的行为，良好的外部环境对于人的行为具有显著的积极作用，可以有效改善老年人的诸多慢性疾病，起到延缓衰老、提高免疫力的作用。Saelens B.E. 对区域内的土地性质、土地结构、土地利用效益等进行了研究，研究结果表明：土地由于各项指标的差异会对人的行为造成影响，人的行为又会直接影响其健康水平。Dannei通过对美国民众致死率极高的几种疾病进行研究，发现人的行为会影响人的生理和心理功能，尤其是抽烟和缺乏锻炼对人体健康的影响最为突出。根据世界卫生组织（WHO）的资料统计，个人行为对于健康影响的比例达到60%。这说明疾病的发生与人的行为密切相关，人作为时刻暴露在环境中的个体，其行为又必然受到外部环境的影响。因此，研究健康、行为、环境三者的联系和作用机理对于改善老年人的寿命质量，解决社会结构老龄化等问题具有重要作用。Moores通过研究人的饮食与居住环境的关系发现，人的居住环境会改变人的饮食习惯，例如，一个区域内快餐店的增多会影响人的健康饮食习惯。Marcus在研究健康、行为、环境三者的关系后提出了"康复花园"的设计理论，通过打造康复花园，增强老年人户外运动的意愿，进而提高老年人的健康水平。同样，老年人的主观意愿又会促进康复花园研究领域的扩大，不断改善既有环境中绿化、活动空间等要素的配置。Marcus认为，康复花园的设计必须要充分遵循适老性的原则，在外部空间的设计中要充分考虑空间的私密性，保障老年人具有相对独立的交流与活动空间；在空间设计时应注重对生物属性的打造，通过细部设计增加老年人与绿植、鸟类等的接触时间。健康—行为—环境作用机理是康复花园理念的基础，美国帕洛玛医疗中心康复花园则是以康复花园相关理论为基础而打造的花园式疗愈中心。帕洛玛康复花园注重自然景观打造，花园种植有大量自我修复功能较强的植物景观，植物景观的设计还融入了圣地亚哥当地的特色，增加了景观的亲切感。同时，通过合理布局与配置绿化植物，使老年人在浏览景观的同时，可以自由散步、聊天，有效延长了老年人与自然环境的接触时间。花园式的工作环境也为医疗中心的医护人员营造了轻松闲适的工作氛围，可以有效缓解工作疲劳，提高工作效率。

二、国内关于健康—行为—环境作用机理的研究

我国老年人的健康受住房、交通、绿化面积等诸多因素的影响。从住房角度来看，我国城市结构受土地市场的影响，表现出明显的城市郊区化现象，城市中心区房价过高使大量刚需人群转向郊区，郊区住宅土地增多，挤压城市周围绿地，林地遭到破坏，环境质量严重下降。同时，土地空间的无序蔓延给城市交通带来巨大的挑战，居民出行范围和出行距离增加，路网交通强度增大，形成恶性循环，严重影响居民的居住质量，危害人体健康。

金广君认为，健康城市具有高质量物理环境、稳定的生态系统、强有力的居民群体、与健康福利有关的各项共同决策等特征，在此基础上他提出了健康城市的设计理念。城市健康问题首先是人类与自然的和谐关系，因此，促进人工环境与自然环境的统一、实现人与自然的和谐是改善城市健康水平的着力点。谌仁俊以环境与健康的关系为出发点，以排污权交易机制为例，利用DEA模型对环境政策、公众健康和波特效应进行了研究，研究结果表明：环境对人的健康水平具有显著影响，但环境政策并未有效控制疾病发病率和疾病死亡率，未来需要加强环境规制，推动环境治理体系改革以创造环境红利，延长居民的预期寿命。仲继寿认为，人—建筑—环境是一个彼此作用、相互促进的整体，住宅的规划设计不仅应该关注建筑类型和建筑质量，还要重点关注建筑使用者对建筑提出的具体要求，关注住宅环境对人的健康所形成的影响。康宁以脑电波为主要研究对象，分别探讨不同景观对于身心

放松程度、身心放松持续时间、前额部肌肉放松度的影响差异,研究结果表明:园林景观可以改善人的健康状况,其中,植物群落景观对人体健康的促进作用最为明显,然后是水体景观和铺装广场景观。《"健康中国2030"规划纲要》指出自然环境和人类的生活方式是影响人体健康的重要因素,通过提倡健康的生活方式、保护生态环境能有效改善人的生存质量。人作为社会交往和参与社会活动的主体,人的一切社会行为都与环境存在密切的关系,研究健康—行为—环境的作用机理对于缓解社会老龄化、实现"老有所养、老有所乐"具有重要意义。

第五章　养老机构外部健康行为空间的相关理论

在第二章将我国养老机构外部健康行为空间定位为：以老年人为中心和服务对象，在一定空间范围内直接或间接影响老年人健康行为的外部场所和空间要素。本书在研究养老机构外部健康行为空间时分别以老年人健康行为空间干预相关理论、外部空间对健康行为促进相关理论、养老机构外部健康行为空间调查方法论等为理论支持。其中，老年人健康行为干预相关理论包括知信行理论模式、计划行为理论和社会生态系统理论；外部空间对健康行为促进的相关理论包括生命亲和理论、注意力恢复理论和压力痊愈理论。

第一节　老年人健康行为干预相关理论

一、知信行理论模式

知信行理论模式（KAP）是老年人健康行为干预的常用模式，用来揭示知识、信念以及态度与老年人健康行为之间的作用关系。国内外学者对于知信行理论模式的起源没有明确定性。有学者认为，知信行模式最早是由英国健康教育委员会公共医学和健康教育专家柯斯特博士于20世纪60年代提出，另有学者认为，知信行理论模式最早是由美国哈佛大学教授Mayo提出。从20世纪70年代开始，KAP开始被运用于医学领域，是用来解释健康行为改变的最常用的模式。1988年，在Gochman主编的《健康行为》一书中知信行理论模式得到进一步发展。知信行理论模式是改变人类健康相关行为的模式之一，其核心是：获取知识是人类建立积极信念和态度的基础，也是人类实现健康行为的关键因素，只有通过对相关健康知识的掌握和了解，建立正确和积极的态度与信念，人们才能出现某一特定行为。

知信行模式将产生行为的过程分为三个阶段，即"获取知识""建立信念和态度"和"形成行为"。根据行为学的相关理论，知识、信念态度和行为之间存在重要联系，它们共同组成一个相互连接、相互作用的系统，但并不存在必然性，如图5-1所示。其中，知识作为一种认识成果，是对理论概念、自然规律和人类思维的抽象反映，既是行为发生和保持的重要因素，也是产生行为的基础；信念作为行为产生的动力，是人类对于某种事物所持有的强烈态度或观点，信念产生经历了主体对事物的深入了解且具有某种特殊的情感经历。信念具有复合性的特点，这使信念不仅是理性因素的产物，包含大量的认知现象，还具有大量的情感和意志因素，是理性与非理性的统一。人类的行为既包含理性行为，也包含非理性行为，知识只有通过理性的检验才能转换为信念，这就要求知识必须具有真实性，而非理性行为多带有绝对化的特征，它可由人们的某种兴趣或心理状态引起。知信行理论模式的应用有利于人们建立积极正确的信念和态度，主动形成自觉行为，因此目前被广泛运用于健康教育和护理管理之中。

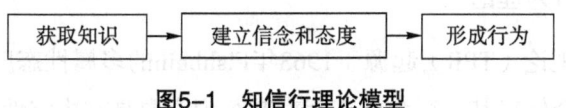

图5-1　知信行理论模型

以养老机构老年人户外健康行为为例，知信行理论主要表现在：老年人了解户外健康行为对身心的有益性，了解户外健康行为的类型以及认识到自身在户外健康行为中的局限性，产生进行户外健康行为的信念和态度，并且有信心和能力进行户外运动，在信念和态度的转变下老年人进行户外运动。知信行理论模式在其三个阶段具有不同的心理过程。在知识获取阶段，行为改变的基本心理过程包括：对信息进行传播、察觉信息、引起注意和感到需要；在信念和态度的产生阶段，主要心理过程包括：对信息进行思考、相信信息和产生动机；在形成行为阶段，主要心理过程包括：尝试行为、开始行动、动力定型以及确认行为。上述任何一个阶段出现问题，都会导致行为发生偏差，因此，根据不同心理过程可以对不同阶段进行干预。行为干预是知信行理论模式的目的和结果。在行为干预过程中，首先要建立一个良好的干预环境，保证干预过程的持续性和有效性；其次，要对行为产生的原因和结果进行合理的分析，对行为具有正确的认知，同时筛选出行为干预过程中的关键环节和影响因素。行为干预的实施可以根据行为特点和性质在不同阶段进行，例如，在知识获取阶段可以通过增强信息传递、提高信息有效性等方式进行干预，强化主体对行为有益结果的认识，促使行为主体产生信念和态度，对于严重影响身体健康的行为可采取强制干预行为。

本书中知信行理论模式具有两层含义：第一，从养老机构的角度看，"知"是指养老机构老年人护理人员、管理者对老年人健康行为知识的掌握情况；"信"是指养老机构老年人护理人员、管理者对老年人从事户外健康行为的态度；"行"是指养老机构老年人护理人员、管理者对老年人的护理、管理以及面临困难时的应对方式。第二，从老年人的角度看，"知"是指养老机构老年人对健康、疾病、户外健康行为等相关知识的掌握情况；"信"是指老年人对养老机构的认可度以及从事户外健康行为的积极性以及对外部健康行为空间的信任度；"行"是指养老机构老年人形成户外健康行为及其行为方式。

二、计划行为理论

计划行为理论（TPB）起源于1963年Fishbein的多属性态度理论。多属性态度理论强调个体对某一行为的态度对其行为意向具有决定性作用。1975年，Ajzen和Fishbein提出理性行为理论（TRA），他们假设个体是理性的，人们的态度和意向会受到社会普遍观念和思想的影响，人们在产生某项行为之前会合理分析行为产生的结果。理性行为理论注重对态度形成过程的研究，强调个人意向会有意识地影响个体行为。理性行为理论的应用具有局限性：一方面，理性行为理论忽略了环境因素对行为态度的影响；另一方面，人的行为具有双重性，人在思维模糊或受到外界环境干扰的情况下可能会出现不自愿行为，在这种情况下理性行为理论并不适用。因此，在多属性态度理论和理性行为理论的基础上，1985年Ajzen在模型中增加了"行为控制认知"作为新的变量，形成了计划行为理论。计划行为理论认为：人的行为是经过深思熟虑的结果，个体的实际行为在某种程度上由意向直接决定，但也受到知觉行为控制的间接影响；同时，行为意向反过来又受到行为态度、主观规范和知觉行为控制的影响，如图5-2所示。"行为控制认知"变量的加入弥补了原有模型在考虑人类行为特征时的缺陷。相比于理性行为理论，计划行为理论更适用于个体意愿控制不完全的行为分析，具有更强的适用性。

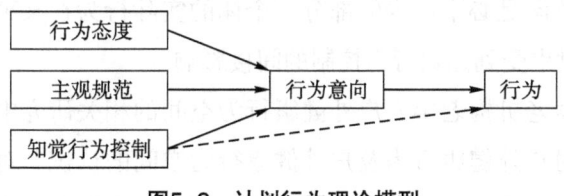

图5-2　计划行为理论模型

如图5-2所示，行为态度、主观规范、知觉行为控制、行为意向和行为是计划行为理论模型的五大要素。态度是建立在个体价值观基础上对人或事物所持有的心理倾向。这种心理倾向具有社会性和具体性的特点，并且会受社会环境和个人经验的影响。心理学家斯台茨认为：态度是个人对环境刺激的反应，并且会受到其他态度的影响。行为态度是态度属性中的重要概念，也是计划行为理论中的重要变量，它揭示了主体对预期行为的评价，是个人对该项行为所持有的正面或负面的感觉。行为态度受到行为信念的影响，信念包括信念强度和行为结果评估两部分，它们共同作用于个体的行为态度。因此，态度的组成成分经常被视为个人对此行为结果的显著信念的函数。主观规范是行为主体在进行某项行为过程中所感受到的社会压力，主体所感受的社会压力越大，主观规范对个体行为的影响越大；反之，若主体感受到的社会压力越小，周围群体或个人对主体行为的影响越小。主观规范受服从动机和规范信念的影响。服从动机是行为主体对主观规范的解释，是行为主体服从期望的动机；规范信念是外部环境对主体进行某项行为的期望，期望越大，规范信念则越稳定；反之，期望越小，则规范信念越容易被动摇。主观规范包括人际关系和外界环境，如朋友、家人、同事等，以及外部资源环境，如政府、网络等。知觉行为控制是行为执行者对行为的控制程度，在一定程度上表示了以往的经验、预期的障碍对于现在和未来产生的影响。当个人认为自己所掌握的经验越丰富、预期遇到的阻碍越少时，则知觉行为控制能力就越强；相反，当类似经验或者阻碍让个人感到执行越困难时，个人执行某项行为的意向就越弱。知觉行为控制可以通过行为意向对个体行为进行间接影响和调控。行为意向是指行为主体对某项特定行为的反映倾向，既包括正向意向，也包括负向意向。在计划行为理论中，主体的行为意向可以由行为态度、主观规范和知觉行为控制三者来进行预测。个体在进行某项特定行为的过程中，行为意向是必不可少的部分，个体的实际行为在某种程度上由意向直接决定，同时也受到知觉行为控制的间接影响。

  本书在对养老机构老年人户外健康行为空间的相关研究中，行为态度主要是指老年人对户外健康行为及户外健康行为空间的认识、对户外健康行为的接纳程度以及对户外健康行为空间的合理评价。老年人对户外健康行为及空间的态度和看法越积极，其从事户外健康行为的倾向也越明显；反之，老年人对户外健康行为及空间的态度和看法越消极，其从事户外健康行为的倾向越不明显。主观规范是老年人进行户外健康行为时所感受到的外界压力，其中，规范信念是指外界环境（养老机构、家庭成员、其他老年人等）对老年人进行户外健康行为的期望，而服从动机则是老年人服从外界期望的动机。根据主观规范的分类，人际关系主要是指养老机构其他老年人、护理人员、家属等对主体户外健康行为的支持程度，外部资源环境是指政府、网络等的支持程度，主观规范越强，老年人从事户外健康行为的倾向越明显；反之，主观规范越弱，老年人从事户外健康行为的倾向越不明显。知觉行为控制是指老年人在了解户外健康行为的情况下，感知到完成这一行为的容易或困难的程度，其采取行为所受到的阻碍越弱，则老年人进行户外健康的行为受到的知觉行为控制因素的影响越明显，行为意向越强；反之，老年人所受到的阻碍越强，其进行户外健康的行为受到的知觉行为控制因素的影响越不明显，行为意向越弱。老年人在了解户外健康行为的条件下，决定是否要参与户外运动，这是判断老年人户外健康行为是否发生的决定性因素。

三、社会生态系统理论

  生态学最早是由德国生物学家恩斯特·海克尔提出，是用来描述生物与外界环境（包括非生物环境和生物环境）的一门科学。20世纪20年代初，美国学者R.E.帕克提出社会生态学理论。社会生态学的研究范围包括社会学、社会生物学和人类生态学，与传统生态学研究自然生态不同，社会生态学侧重于研究社会生态。现代社会生态学理论以人类为主要研究对象，重点探讨人类与外界环境之间的发展关系和作用机理，如人口与环境、人口与土地等。在社会生态学的基础上，20世纪70年代，美国心理学家布朗芬布伦纳提出了社会生态系统理论。社会生态系统理论强调环境具有动态性的特征，环境会伴随时间变化出现内容、形式的演替，而人类的发展是不断突破环境、探索环境以及适应环境的过程，伴随着对环境的认识过程。对人类发展与环境之间关系的探讨和研究是社会生态学的主要任务。因此，社会生态系统理论更加重视生态系统与人类之间的关系，它揭示了社会系统在人类发展过程中所起到的重要作用。社会生态理论自诞生以来，被广泛运用于教育、医疗护理、健康等领域。1979年，布朗芬布伦纳在《人类发展生态学》中提出人类发展生态学理论。他认为个人在发展过程中并不是独立存在的，而是与周围环境相互依赖、相互作用，正是这种相互联系促使个体从中得到发展。人类与环境之间的作用关系不会因为人为环境的出现而发生改变，由此他提出人类与环境发展过程中的"四系统观"（微观系统、中间系统、外层系统、宏观系统）。2004年，美国怀特沃特大学社会工作系教授扎斯特罗在布朗芬布伦纳的人类发展生态学的基础上进一步完善了社会生态系统理论。他在《理解人类行为与社会环境》中对社会生态系统的层次性进行了阐述，认为人类的生存环境是由一系列相互作用、彼此联系的系统所组成的，包括工作、家庭、交通、朋友等，个体在发展过程中不仅受其他系统的影响，还作为主体与其他系统进行持续的互动。相比于传统的社会生态系统理论，扎斯特罗更加注重对个体生理和心理的呈现，强调个体在发展过程中对环境的反映。在布朗芬布伦纳"四系统观"的基础上，扎斯特罗提出人的社会生态系统应具有三种基本类型：微观系统、中观系统和宏观系统。

微观系统是环境层次的最里层，是社会环境中看似单个的个人；中观系统是由若干个微观系统组成，具有家庭、工作群体等不同表现形式；宏观系统相比于微观系统和中观系统，是由更广泛的社会因素组成，包含文化、经济、习俗和其他社会意识形态。微观系统、中观系统和宏观系统相互作用、相互影响，如图5-3所示。首先，个人行为会对家庭产生重要影响，但同时也受家庭、职业群体等的影响。以老年人的焦虑心理为例，老年人的焦虑心理会引起家庭其他成员的担心，对家庭产生影响。但老年人的焦虑心理也受家庭的影响，与亲人联系减少、亲情关系薄弱、家庭关系不和睦等都是引起老年人焦虑心理的重要因素。其次，家庭是社会的重要组成部分，家庭稳定是社会稳定的基础；反之，社会的稳定与和谐为家庭的稳定创造了条件。最后，个人行为也受与之互动的社会系统的影响。以文化为例，特定环境的文化会潜移默化地改变一个人的交往行为和交往方式，不断影响个体的实践活动、认识活动和思维方式。个人对社会具有一定的依赖性，个人的生存离不开一定的社会条件；反之，社会是由若干个人组成的集合体，个人对社会具有能动性，个人对社会的贡献是社会不断发展的动力。因此，在研究社会生态系统理论时，微观系统、中观系统和宏观系统三者缺一不可，忽略任何一个系统，都不能正确认识人类行为与社会环境之间的关系。

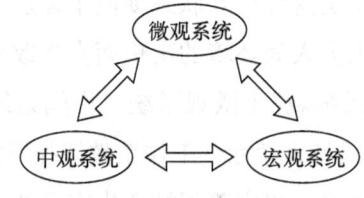

图5-3 社会生态系统理论

根据生态学的相关理论，老年人可通过正式支持和非正式支持两种方式获取养老支持和帮助。其中，非正式支持是指家庭、邻居、同事或者朋友提供的精神支持或经济帮助；正式支持是指老年人通过政府提供或干预的社会保障行为获取的帮助，如农村"五保"供养、老年人优待证等。在人口老龄化的背景下，单纯依靠正式或非正式的支持方式都无法保障老年人的生理和心理健康。因此，应将非正式方式和正式方式进行配合，构建相互作用、相互联系的系统。通过整合系统要素，只有将微观系统、中观系统和宏观系统联系起来，才能实现健康养老目标。

本书在进行养老机构老年人户外健康行为空间的相关研究时，微观系统是指养老机构环境中的老年人，中观系统是指为老年人提供养老行为的机构或组织，如社会福利院、护理院、护老院等，宏观系统是指与老年人密切相关的文化、经济、习俗、制度等环境。养老机构的外部环境与老年人的户外健康行为直接相关，但这种关系也受老年人个体和社会其他因素的影响，老年人的个体内在因素和大众媒体、政策机制等都会在一定程度上影响老年人的户外健康行为。

第二节　外部空间对健康行为促进的相关理论

一、生命亲和理论

亲和是人类发展过程中所具有的一般心理状态，与他人的亲爱和睦、相互包容是人类生存发展的基本需求。亲和是指亲爱和睦、相互包容。亲和的概念起源于生命个体的成长早期，最早用来表示婴儿与父母之间的依恋关系。生命亲和的含义是指个体对生命的热爱，用来表示人与自然相互联系、相互作用的天性。生命亲和的概念最早是由社会心理学家Erich Seligmann Fromm提出的，他在《人之心》一书中指出：生命亲和是人的一种心理倾向，它用来表述人与其他有生命物质的吸引关系。1984年，美国生物学家Edward O.Wilson出版《亲生命性》，并在生命亲和概念的基础上进一步提出生命亲和假说，将亲生命性定义为与其他生命形式相接触的欲望，人类与自然的密切关系与生物学本能密切相关。1993年，Wilson在《生命的多样性》中指出人类具有贴近自然的"生命亲和"本性。同年，Wilson与耶鲁大学教授Stephen R.Kellert共同出版了《生命亲和假说》，进一步完善了生命亲和理论假设。在生命亲和理论假设中，人类会产生自发接触自然、亲近自然的行为。生命亲和是人类天生所具有的需求，在人类社会早期，亲生命性的特质使人类可以从自然环境中获得觅食、哺育后代、安抚情绪等能力，人类通过与自然接触来促进自身生理和心理的健康与发展。现代人类的生命亲和表现在：人们偏爱居住在临近公园、河流、绿化率较高的建筑中，通常选择视野开阔、环境优美的场所进行聚会等。当人们感到自己与自然的联结时，会产生各种各样积极的心理体验，与自然的联结感同生活满意度、创造性思维、生命意义感、积极心态和主观幸福感呈显著正相关。

随着理论的不断发展和完善，生命亲和理论开始被运用于城市规划、建筑设计、健康管理等诸多领域。国际著名设计师Keith Griffiths认为，人类的发展与进化是与自然界紧密相连的，人类天生便是自然环境中的一部分，与自然的协调关系不仅是人类与生俱来所具有的天性，而且是人类在自然中与各类自然因素作用和接触的结果，人类与自然接触和亲近的倾向不随人类生活环境、生活方式的改变而变化。

本书在研究养老机构老年人外部健康行为空间时，生命亲和理论具有两层含义：一是老年人天生具有接近自然、亲近自然的心理倾向。良好的户外环境能为老年人创造良好的外部活动条件，满足老年人户外健康行为的需要。二是养老机构外部健康行为空间的设计将原始的自然欲望与日益城市化和人口密集的现代世界的需求相结合。美国学者Timothy Beatley认为，具有生命亲和特点的外部环境，将给人类带来生活质量的显著提升。人类与自然密切联系、相互依存的亲密关系，反映了人类对大自然的依赖感与亲和感。因此，将生命亲和理论融入建筑设计中，对于实现人与自然的和谐相处具有十分重要的意义，同时，探讨人类行为与自然环境之间的关系也为未来建筑和城市的规划设计及发展方向提供了宝贵建议。

二、注意力恢复理论

1892年，学者James根据相关研究将注意力分为自主注意力和非自主注意力。其中，非自主注意力是指较容易吸引人的事物，对于这类事物往往不需要人们花费太多时间或付出太多努力就能使注意力集中；与非自主注意力不同，长时间的自主注意力由于持续时间长、强度高，往往会引起人的精神疲劳。1980年，美国密歇根大学自然环境学院教授Rachel Kaplan和心理学学院教授Stephen Kaplan在总结注意力分类模式的基础上，出版了《自然的体验：一个心理学视角研究》一书，正式提出了注意力恢复理论。注意力恢复理论的核心是：人们在完成某项任务的过程中往往需要注意力的集中，但如果这种注意力持续时间过长或者强度过高，则很容易引起人的精神疲劳，会出现情绪激动、焦躁等一系列心理问题。而在无意的、非自主且不需通过努力维持的自然状态下，人的注意力可以得到短暂恢复，有效降低精神疲劳。

为了更好地理解人类与自然的关系，构建一个有助于恢复人们注意力的外部环境，Kaplan夫妇提出了偏好矩阵的概念。对自然环境的不断探索是人类基本的生存需求之一，也是人类文明发展的一部分。自然环境所包含的内容是人类不断获取信息的源泉，这些信息也为人类的发展指明了方向。在不同的环境中，即使环境所含的内容物一样，其表达和传递的信息也不尽相同。因此，环境给人类传递的信息不仅受内容物的影响，还受其排列秩序的影响。视野开阔、排列有序的环境往往比视野狭窄、排列无序的环境更能引起人们的兴趣。基于这样的理论，Kaplan夫妇认为那些被人类喜欢、使用并具有一定价值意义的环境应该具有一致性、可识别性、复杂性和神秘性的特点。一致性和可识别性是指环境所包含的内容简单易懂，传递的信息直接，方便人们可以更快地识别和理解；复杂性和神秘性是指环境所具备的层次和内容具有丰富性的特点，复杂和神秘的环境更能激发人们的探索欲，吸引人们的注意力。人类对自然的偏好和倾向是人类在几千年来不断探索自然、发现自然的过程中形成的，人类对自然的向往和亲近不受居住环境、居住方式的影响。自然环境具有使人产生"微愉悦"的功能，与自然环境接触可以有效改善人们的心情，有助于提高人们的注意力，并且提高对事物的思考能力。

1983年，Kaplan和Talbot在偏好矩阵的理论基础上，发现野外环境对心理的影响作用，提出了"恢复性环境"的概念，并将其定义为能使人们的身体和心理从压力相伴随的消极情绪中恢复过来的环境。2001年，学者Hartig将"恢复"进一步定义为：重新获得在适应外界环境过程中被损耗的生理、心理和社会能力。Kaplan教授认为，这种能够使注意力得到转移的特定环境具有魅力性、远离性、延展性和兼容性的特征。魅力性是指环境本身充满了大量吸引力，无须通过大量努力便能使行为主体感知到环境中所包含的信息。具有魅力性特点的事物提供了非自主性注意力，有助于人们从负面情绪中走出来，降低精神疲劳的程度。远离性是指远离日常的生活环境，即从疲劳或压力状态中逃离，使注意能力恢复。延展性是指环境具备足够的内容和结构，能够占据人们的大脑很长一段时间，使个体能从集中注意的状态得到休息，延展的内涵既包含物质领域的延展，也包含精神领域的延展。延展包括有形延展和无形延展。有形延展如通过场地的设计增加场地的空间感，给人带来空间上的舒适感；无形延展往往是一种思维上的体验，如通过观赏自然遗址联想到那个时代的文化、历史，扩大人类对世界的感受。兼容性是指个人的需求、行为与环境的匹配性。兼容性的特点要求在环境设计中应将人类的需要考虑在内。

在恢复性环境中，一方面，人们可以根据自己的意愿和方式来改变环境；另一方面，人的行为和经验也能被环境改变，这是一个相互作用的过程。通过将恢复性环境的治愈功能融入人类生活中，能使人感到安全，减少压力，以促进身心与精神的康复。老年人作为社会的特殊群体，随着年龄的增长，其认知能力逐渐下降，更容易产生注意力不集中或者精神疲劳的现象。根据注意力恢复理论，老年人户外健康行为空间可以使老年人在无意的、非自主且不需通过努力维持的状态下，实现注意力的转移，缓解心理压力，降低精神疲劳，从一定程度上促进老年人的户外健康行为。另外，注意力恢复理论也对养老机构老年人的户外健康行为空间提出了更高的要求，户外健康行为空间的设计应该充分满足老年人对恢复性环境的要求，以实现外部空间对健康行为的促进作用。

三、压力痊愈理论

1983年，罗杰·乌尔里希首次提出压力痊愈理论。压力痊愈理论的核心是：压力普遍存在于病人之中，并成为影响诊疗效果的主要因素。当人们处于自然环境中时，注意力会得到短暂恢复，血压、肌肉紧张度等生理指标值都会得到显著改善，能有效缓解人们的压力。压力痊愈理论作为外部空间对健康行为促进的相关理论之一，也是对生命亲和理论和注意力恢复理论的补充。乌尔里希教授认为：人类对环境刺激的反应是情绪而不是认知，人类天生具有与自然保持亲近且偏好美好环境的基因，因此，人类具有与自然接触来促进自我康健的本能。在压力痊愈理论中，乌尔里希教授通过相关研究利用科学手段证明了自然环境对人类健康的益处。他和其他研究人员以血压、肌肉紧张度和皮肤电传导为测量值，分别在交通密集环境、商业圈环境和自然环境中进行测量。第一组测试以血压变化为测量对象，结果显示：在自然环境中人类血压恢复速度最快，然后是商业圈和交通密集的环境。第二组测试以肌肉紧张度变化为测量对象，结果显示：自然环境中人类肌肉状态由紧张到松弛变化最快，然后是交通密集环境，最后是商业圈环境。第三组测试以皮肤电传导变化为测量对象，结果显示：随着时间的增加，在自然环境中人类皮肤电传导下降速度最快，起初阶段在商业圈环境中，人类皮肤电传导下降速度大于交通密集环境，随后在商业圈环境中，人类皮肤电传导下降速度变慢，在交通密集环境中人类皮肤电传导下降速度增加并超过商业圈环境。环境是个体生存与发展的外部条件，同时也会直接影响个体的物质生活与精神生活，人类生活在环境中会持续受到环境压力的影响。环境压力是人对外界环境刺激所做出的直接反应，具有特殊环境压力、重大环境压力、自然灾害压力等多种表现形式。环境压力对个体可能是有害的，也可能是有益的，有益的环境压力可以激发人们的创造力，发挥个体潜能；有害的环境压力可能会导致个体出现紧张、焦躁等负面情绪。无论是有益压力还是有害压力都会引起个体生理和心理的相关反应。乌尔里希教授和相关研究人员的一系列研究数据都证明了人类在自然环境中，环境带来的有益压力会增加，其身体机能的恢复速度明显加快。

  1991年，乌尔里希教授在压力痊愈理论的基础上提出了支持性空间理论。该理论提出了四个促进健康行为的外部空间的构建原则，即自控性、社交支持性、运动支持性和自然亲近性。其中，自控性包括外部环境和主体两个方面，从外部环境的角度来看，外部环境必须具有显著标识或易于识别的空间以帮助主体增加控制力；从主体的角度来看，主体自控能力的增强会显著增强主体对外部环境的适应能力，提高主体在外界环境中的自我恢复能力。社交支持性是指外部空间必须具有支持主体进行社交的功能，满足主体的社交需求。这要求外部空间设计必须满足私密空间与公共空间的结合，同时满足不同文化、生活背景主体的社交多样性需求。运动支持性则要求外部空间提供足够的场地或设施以满足主体的运动需求，包括道路系统和运动设施两部分。道路系统是人类进行户外活动的最基本方式。运动设施是主体进行户外活动的各项辅助设施，包括健身器械和激发运动欲望的各种景观设施。自然亲近性是指外部空间必须具有自然环境所具备的基本要素，使活动主体具有良好的外部活动空间，既包括绿化、水体等景观，也包括一切具有生活力的活动景观。

随着年龄的增长，老年人的生理功能逐渐减退，身体机能开始下降，机体老化使老年人更易患颈椎病、关节炎、高血压等各种慢性疾病，给老年人和护理人员带来巨大的心理压力。老年人由于一时无法适应社会角色的转变，极易出现烦躁、焦虑等心理衰退现象，同时，部分老年人由于自身疾病的困扰，社交活动阻断，焦虑、紧张情绪增加。因此，养老机构外部空间设计需要满足压力痊愈理论和支持性空间理论提出的外部空间构建原则，在设计上满足适老的要求。

第六章　养老机构外部健康行为空间的调查基本思路

第一节　养老机构外部健康行为空间调查应解决的问题

在本书中，养老机构外部健康行为空间包括养老机构周边能够为老年人提供活动区域的空间范围（场外空间）。由于个体、社会和环境等因素会影响老年人活动的范围，因此，为了准确描述内在和外在因素对老年人外部健康行为的影响，本书利用社会生态模型来研究系统要素的作用关系。

对于居住在养老机构的老年人，其外部健康行为受自身条件、社会条件和养老机构的环境共同影响。利用社会生态模型进行分析，则需要对相关变量进行合理划分，根据调查研究应达到的目的和调查对象的特殊性，将相关变量划分为自变量、居间变量、调节变量和因变量，其相互关系如图6-1所示。

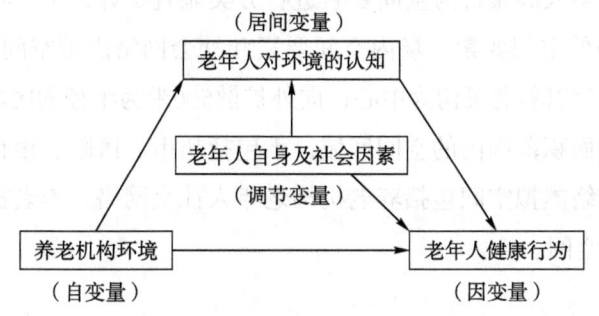

图6-1　社会生态模型的老年人外部健康行为调查构架

（1）图6-1中自变量（养老机构环境）包括两个方面的内容：一是养老机构的区域环境问题，主要涉及交通便捷度、居住密度等，调查数据主要是通过GIS获取；二是养老机构的景观环境，主要包括植被数量和品种、老年人行走道路、休息环境、室内与室外的连通等。其数据资料可通过养老机构的自评价获取。

（2）图6-1中居间变量主要表现为老年人对环境的自我认知，其数据主要通过问卷调查获取。

（3）图6-1中调节变量主要涉及老年人的个体信息，包括年龄、性别、教育程度、自理能力、健康状况等，其数据主要通过问卷调查获取。

（4）图6-1中因变量主要是将老年人的体能进行高、中、低划分后，涉及对应步行活动及室外健康的行为方式，其数据主要通过问卷调查获取。

依据图6-1的构架和相关变量说明，对于养老机构外部健康行为空间的调查，需要解决的问题有：

（1）养老机构空间变量对老年人户外健康行为存在哪些方面的影响？

（2）养老机构空间变量对老年人户外健康行为有哪些侧重性影响？

（3）养老机构空间变量对老年人户外健康行为方式有哪些交叉影响？

（4）养老机构空间变量对老年人是否进行户外活动有哪些影响？

第二节　养老机构外部健康行为空间要素调查思路及变量

为了对老年人健康行为空间要素进行分类调查统计，本书将空间划分为三类要素：场外空间要素、场内空间要素和社会网络虚拟空间要素。其中，场外空间界定为以养老机构为中心，向外扩散500米为半径的区域；场内空间是指养老机构面积范围内的空间区域，不包括超市、医院、银行等外部建筑设施；社会网络虚拟空间包括养老机构老年人社交网络、养老机构面临的社会环境等虚拟空间。

一、养老机构场外空间要素调查思路及变量

根据对相关文献和研究资料的总结与归纳，将养老机构场外空间要素分为场外主观感知空间要素和场外客观感知空间要素。

1. 场外主观感知空间要素

养老机构场外主观感知空间要素主要包括老年人对场外活动的态度、对场外设施的认知、场外步行的适宜性、场外道路状况和场外步行的安全性等。通过对养老机构老年人进行问卷调查获得场外主观感知空间要素数据，同时，问卷涉及的相关内容，依据《社区环境可步行问卷简化版》(*Neighborhood Environment Walkability Survey Abbreviated*)(NEWS-A问卷)，结合成都市的养老机构状况，进行调整后设置相应的问题。由此形成5个维度和15个对应的变量指标，如表6-1所示。

表6-1 养老机构场外空间要素主观感知维度及变量

调查维度	变量名称	变量问题阐述
对场外活动的态度	对场外步行的态度	非常喜欢、喜欢、不喜欢、非常不喜欢
	场外步行结果感受	好很多、好一些、差一些、差很多（与以前相比较）
对场外设施的认知	对场外设施的感知	在10分钟左右步行可到达：大型超市、便利店、医疗服务中心、银行、药店、学校、公园、公交车站、餐饮店、图书馆
场外步行的适宜性	道路通达度	对场外道路的交叉口间相距较短态度为：非常满意、满意、不满意、非常不满意
	道路两侧的树荫	场外步行遮阴环境：非常满意、满意、不满意、非常不满意
	景观的视觉性	场外活动时有好的景致：非常满意、满意、不满意、非常不满意
场外道路状况	人行道覆盖度	场外道路铺有独立步行道：非常满意、满意、不满意、非常不满意
	人行道维护	人行道路维护良好：非常满意、满意、不满意、非常不满意
	人行道的独立性	步行道路和车行道路间有间隔：非常满意、满意、不满意、非常不满意
场外步行的安全性	步行障碍性	场外周边存在障碍物，活动不便：非常满意、满意、不满意、非常不满意
	交通流量	场外道路交通流量较大，活动不便：非常满意、满意、不满意、非常不满意
	人行横道	道路交叉口有人行横道：非常满意、满意、不满意、非常不满意
	空气质量	在进行场外活动时对空气质量的满意度：非常满意、满意、不满意、非常不满意

续表

调查维度	变量名称	变量问题阐述
场外步行的安全性	夜间照明	场外周边道路夜晚明亮：非常满意、满意、不满意、非常不满意
	街道视觉	街道上视觉不好，行人很容易被周边建筑里的人看到：非常满意、满意、不满意、非常不满意

2. 场外客观感知空间要素

本书以成都区域养老机构为研究对象，通过对研究区域开放性的GIS数据收集，使用Arc GIS 10.3软件测量养老机构场外的客观环境数据，针对一部分场外的基础设施使用谷歌地图测量。由此形成4个维度的变量，即场外健康步行的适宜性、场外步行道路状况、场外步行的安全性和场外基础设施情况。其中，前三个维度数据基本来源于GIS数据，后一个维度数据来源于谷歌地图，详细变量如表6-2所示。

表6-2 养老机构场外空间要素客观感知维度及变量

调查维度	变量名称	变量问题阐述
场外健康步行的适宜性	总占地面积（ha）	—
	住宅占地（%）	缓冲区住宅建筑用地面积/缓冲区总面积
	商业占地（%）	缓冲区商业建筑用地面积/缓冲区总面积
	道路规模（米）	用长度表示
	道路占地密度（米/公顷）	缓冲区道路总长度/缓冲区总面积
	道路交叉口（个）	两条或两条以上道路的交界处
	道路交叉口占地密度（个/公顷）	缓冲区内所有道路交叉口/缓冲区总面积
场外步行道路状况	人行道覆盖率（%）	缓冲区内总人行道长度/缓冲区内道路长度/2
场外步行的安全性	高速公路最近距离	以距离长度"米"表示
	快速公路比例（%）	缓冲区内总快速公路长度/缓冲区内道路长度；道路限速＞约50千米/小时为快速公路
	慢速公路线密度（米/公顷）	缓冲区内总慢速公路长度/缓冲区总面积；道路限速≤约50千米/小时为低速公路
场外基础设施情况	交通信号灯（个）	用数量表示
	公交车站（个）	用数量表示
	便利店最短距离（百米）	用长度表示

续表

调查维度	变量名称	变量问题阐述
场外基础设施情况	便利店（家）	用数量表示
	超市最短距离（百米）	用长度表示
	超市（家）	用数量表示
	市场最短距离（百米）	用长度表示
	市场（个）	用数量表示
	药店最短距离（百米）	用长度表示
	药店（个）	用数量表示
	图书馆最短距离（百米）	用长度表示
	图书馆（个）	用数量表示
	餐饮店最短距离（百米）	用长度表示
	餐饮店数量（个）	用数量表示
	银行最短距离（百米）	用长度表示
	银行（个）	用数量表示
	公园最短距离（百米）	用长度表示
	公园（个）	用数量表示
	医疗服务中心最短距离（百米）	用长度表示
	医疗服务中心（个）	用数量表示
	设施类别（种）	缓冲区内的所有设施
	设施数量（个）	缓冲区内的所有设施数量

注：此表中的数据统计范围，以养老机构为中心向外辐射半径为300米为缓冲区。

二、养老机构场内空间要素调查思路及变量

养老机构场内空间要素包含主观和客观两个方面，其中，主观环境通过调查问卷进行数据收集，包括养老机构的绿化、道路等要素；客观环境使用Senior's Outdoor Survey（SOS）评价体系进行数据收集，包括户外的接触性、舒适性、室内外联系性和外界环境联系性。通过对数据的收集与分析，进而分析场地环境对老年人户外健康行为的影响，以及老年人感知的主体环境和客体环境的差异性。

1. 场内主观感知空间要素

通过对老年人问卷调查后进行统计提取养老机构场内主观感知空间要素

数据。通过对相关文献研究的阅读和归纳整理，得到养老机构场内活动偏好、对场内环境的感知方面的相关变量指标，如表6-3所示。

表6-3 养老机构场内空间要素主观感知维度及变量

维度	变量	内容描述
场内活动偏好	对场内环境的态度	非常喜欢、喜欢、不喜欢、非常不喜欢
	对场内环境的感受	好很多、好一些、差一些、差很多（与以前相比较）
对场内环境的感知	对场内景观喜好类型	鸟类和野生动物、乔木和灌木、花卉、水池、喷泉和池塘等
	对场内景观的满意度	非常满意、满意、不满意、非常不满意
	对场内步道的满意度	非常满意、满意、不满意、非常不满意
	足够的坐息设施	是、否
	室内外空间的可达性	困难、还行、容易
	室内外的相互通行性	困难、还行、容易
	室内外环境的可视性	好、一般、差

2. 场内客观感知空间要素

场内客观感知空间要素数据包括直接数据和间接数据，直接数据是指通过噪声测量仪器、光线强弱测试设备等进行数据的直接采集；间接数据是指利用SOS问卷对养老机构老年人户外环境进行问卷调查，通过统计得到相关数据。相关问题见表6-4。

表6-4 养老机构场内环境自评价维度及变量

维度	变量	内容描述
自然环境	植被生长情况和可视性	场内能否看到植被_____
	植被种类的多样性	场内是否有多样的植被种类_____
	植被色彩的多样性	场内四季能否看到花卉或绿植_____
	植物的可亲近性	场内行动不便的老年人能否触及植物_____
	座椅周围有景可赏	坐在座椅上是否有景可赏_____
	座椅有绿植遮挡	座椅周围是否有绿植遮挡_____
	水景的视觉性	场内是否有喷泉、水池等水景设置_____
	动态景观的视觉性	老年人能否看到活动的景象_____
	宠物设施	该场地是否专门为宠物提供了喂养等设施_____

续表

维度	变量	内容描述
自然环境	野生动物	场内是否能够吸引小型野生动物_____
	家畜	场内能否看到家畜_____
	场内安静效果	场内是否相对安静_____
	场内的干扰性	场内是否受到邻里住户的干扰_____
	场内的私密性	是否能为老年人提供相对隐私的自然生态环境_____
舒适性和安全性	休息设施的完备性	场内是否有完备的休息设施_____
	休息设施的丰富性	座椅样式是否丰富_____
	场内休息设施可选择性	场内是否有可选择休息的设施_____
	可移动休息设施	场内是否有可以移动的休息设施_____
	休息设施的安全性	休息设施是否具有足够的安全性_____
	休息设施的安全辅助性	休息设施是否配有扶手等辅助设施_____
	休息设施舒适度	休息设施是否舒适_____
	休息设施材质	休息设施表面材质使用是否合适_____
	休息设施附属物	部分休息设施是否配有坐垫_____
	休息设施相关配套	部分休息设施是否配有小桌子等_____
	特殊性休息设施	场内是否有摇椅、吊椅等特殊性休息设施_____
	场内配套设施	场内是否有洗手间、饮水机等_____
	场地的维护	户外场地是否维护良好_____
	吸烟区设置	场内是否设有独立吸烟区_____
	小气候调控措施	是否有室外风扇、加热器等_____
散步和户外活动	场内道路选择性	场内是否有多条路径供老年人选择_____
	环状道路	道路形态是否呈环状_____
	道路周边景致	道路周边是否有景观_____
	道路平整度	步道铺装是否适合不同人使用_____
	道路铺装	道路是否有斜坡等安全辅助设施_____
	道路两侧的树荫	步行道路是否有树荫遮阳_____
	道路安全设施	有些步道是否有栏杆等安防设施_____
	道路周边的休息设施	道路每隔100米是否有休息设施_____
	遮阴座椅	是否有一些遮阴的座椅_____
	交际行为空间	场内是否具有供老年人交往的座椅等设施_____

续表

维度	变量	内容描述
散步和户外活动	健身行为空间	是否有供老年人进行健身活动的器械,如乒乓球台等_____
	休闲行为空间	是否有供老年人进行唱歌、手工、园艺、舞蹈等娱乐活动的场地设施_____
室内外联系性	室内外环境的通透性	在室内能否看到户外空间_____
	室内外空间的便捷性	室内与室外是否可以便捷连通_____
	入口的多样性	可由多个入口从室内进入户外场地_____
	室内外相互过渡区域	室内与室外的连接处是否设有休息设施_____
	大门安全性	大门安全性是否达到要求_____
	大门便捷性	老年人通过时,能否自己独立进行大门的开闭_____
	大门开闭性	老年人通过时,大门开启和关闭的速度_____
	自动门	是否有_____
	门槛高低	老年人能否轻易通过门槛_____
	地面平整度	门外地面基层是否夯实平整_____
外界环境联系性	入口花园	入口处是否设有绿植等景观装饰
	来访车辆	场内老年人能否看到来访车辆_____
	对外交流	大门处是否设有座椅等休息设施,方便老年人与外界联系_____
	道路周边景致	能否在场内看到户外景致_____
	周边的交通	场内能否看到临近的道路和车辆
	周边的人群活动	场内老年人能否看到户外临近人群活动、建筑和邻居_____

三、社会网络虚拟空间要素

通过老年人问卷、养老机构员工问卷、养老机构活动日志表收集社会网络虚拟空间要素数据,相关变量描述如表6-5、表6-6和表6-7所示。

表6-5 以养老机构中老年人为对象的社会网络变量

变量	内容描述
户外活动对象	养老机构的老年人、家人或朋友、机构护理人员
医生建议	无、有

表6-6 以养老机构中的员工为对象的社会网络变量

维度	变量	内容描述
机构员工拥有的信息	机构运营总时间	以月为单位
	机构老年人数量	在此居住的老年人数量
	机构的护理人员数量	参与照护的员工
	机构中的种植场地	机构外部：有、无
	园艺疗法	有、无
	景观设施维护	经常维护、偶尔维护、从不维护
机构对老年人活动的态度	从建筑设计角度监测老年人活动	难、比较难、比较容易、非常容易
	护理人员对老年人场内活动的担忧度	非常担忧、偶尔担忧、完全不担忧
	护理人员对老年人场外活动的态度	不好、不太好、比较好、好
	养老机构对老年人场外活动的开放政策	不能、同意后能、可以自由外出、鼓励到场外活动
	养老机构工作人员对老年人场内活动的担忧度	非常担忧、偶尔担忧、完全不担忧
	养老机构工作人员对老年人场内活动的态度	不好、不太好、比较好、好
	养老机构对老年人场内活动的开放政策	不能、同意后能、可以自由外出、鼓励到场内活动

表6-7 养老机构活动日志表中的社会虚拟空间变量

变量	问题描述
场内活动数	—
场外活动数	—
交通工具活动数	—
户内活动数	—
户内非体力活动数	—
总活动数	—
总体力活动数	—
总体力活动（%）	总体力活动/总活动
总户外活动数	场内外活动数+交通工具活动数
总户外活动（%）	总户外活动数/总活动数

注：养老机构活动日志表中的时间以"周"为单位。

第三节　养老机构老年人健康行为方式及个体变量调查思路

一、养老机构老年人健康行为方式

养老机构中老年人参与或者实施的各类户外健康行为，作为本次研究的内容之一，在研究模型中将其设置为因变量。通过对成都市五大城区部分养老机构的现场调研，再结合当前学者们对此部分内容的相关问题研究，将养老机构中老年人的健康行为方式分为两类：场外周边的健康式步行行为（动态运动）和场外休闲类行为方式（静态活动）。对于养老机构中被调查的老年人，根据其身体状况和体能情况，将其划分为高、中和低三个层次，并以此形成相应的变量指标。

1. 体能高的老年人步行活动界定

从健康活动的角度来说，适度步行活动属于有氧运动。有氧运动能为心脏提供足够的氧气，对于老年人而言，能有效改善其心肺功能，有助于保持身体的健康状态。美国运动医学学会（ACSM）和美国健康学会（AHA）认为，老年人每周参加3~5次有氧运动可以增加身体氧气含量，对于改善血脂、缓解焦虑等不良情绪具有显著作用，有氧运动以中等强度为最佳，根据自身身体状况可以适当调整运动时间。通过对成都主城区的部分养老机构调查发现，养老机构中多数老年人的身体状况相对于其他普通老年人来说较差，按照ACSM和AHA的标准，基本不能达到该运动标准。因此，基于中国人的身体特性和调查对象的整体情况，对此进行界定为每周步行活动时间为150分钟（不分次数）。

2. 体能一般（中等）的老年人步行活动界定

通过调研可知，养老机构中老年人的身体状况，依据体能划分的三类人群中，中体能的数量相对较多，也是调查的主要对象。三种步行活动的界定标准均为每周步行活动时间90分钟。

（1）一般步行活动。一般步行活动是指老年人进行一般性的常规步行活动。这种步行活动没有明显的目的性和方向性。结合调查对象实际情况，中体能者一般步行活动衡量标准低于ACSM和AHA的相关标准。

（2）娱乐休闲步行活动。老年人进行步行活动的目的存在差异，一般性的步行活动是满足健康需要，但步行活动的其他功能应与步行活动的目的相关。

（3）事务型步行活动。进行事务型步行活动的老年人一般带有明显的目的性和方向性，对于中体能老年人而言，界定时间为90分钟（不分次数）。

3. 体能低的老年人步行活动界定

对低强度接触自然类活动的健康指标不做时间界定，主要是因为只要此类老年人实施了步行活动，均会对其身体产生健康作用。

二、养老机构外部健康行为老年人个体变量调查思路

通过对相关文献进行研究，影响养老机构外部健康行为老人个体的变量包括自身固有特征变量以及后天的描述性变量。自身固有变量是指老年人自身的年龄、性别、成长环境、身体特征等；后天描述性变量是指养老机构环境选择、健康状况自评价等。具体变量及解释如表6-8所示。

表6-8　个体信息测量变量

变量	内容描述
性别	男性、女性
年龄	低龄老年人（65～69岁），中龄老年人（70～79岁），高龄老年人（80岁以上）
身高	
体重	
入户机构持续时间	
养老机构选择因素	毗邻公园、医疗服务中心、农贸市场等，养老机构周边道路交通方便，养老机构外部环境好，养老机构提供活动种类较多，养老机构内部组织管理好，性价比高
宠物拥有	有、无
成长环境	城市、农村
健康状况自评价	一直好、健康状况有起伏、一直不好
日常生活照料	自理、介助
活动辅助设施	无、轮椅、步行器、拐杖
摔倒情况	无、有
活动量比较	比一般老年人少；与一般老年人相同；比一般老年人少

第七章　养老机构外部健康行为空间要素信度分析

第一节　养老机构外部健康行为空间要素调查设计

根据对养老机构外部健康行为的研究，本研究对成都市主城区的养老机构进行了初步调研，由此形成的样本为：①成都市主城区和近郊区的部分养老机构；②养老机构中的老年人和机构中的工作人员。

一、养老机构样本选取

养老机构调查涉及样本有效性的选取，会对课题研究最终结果产生重要的作用。本次调研以成都市的青羊区、高新区、锦江区、金牛区、温江区等主城区和近郊区养老机构为样本，并对这些养老机构进行初选和二次筛选。

对养老机构初选遵循以下3个原则：

一是对于被选择调研的养老机构，应是介助型或自理型的养老机构。

二是养老机构应有15~20个居住单元，居住单元的数量会直接影响老年人的户外健康行为。

三是从养老机构样本中率先选出不赞同老年人进行户外活动的养老机构。

通过初步调研和筛选，初选出17家养老机构，采用对机构管理人员访谈、实地拍照收集信息及收集外界环境信息的方式对其进行现场调研。

对17家养老机构的数据差异性进行分析后开展二次筛选，有助于统计建模，因此，二次筛选的信息有：

1. 场内空间信息

（1）绿色植物种类的多样性；

（2）休息设施的舒适性和安全性；

（3）步行道路的质量；

（4）与户外场地的联系性；

（5）与场外基地环境的联系性。

2. 场外空间信息

（1）步行道路的质量；

（2）交通拥堵度；

（3）安全性；

（4）各类可步行设施的丰富性。

3. 养老机构相关信息

（1）对户外活动的相关规定；

（2）活动内容丰富多彩，形式多样。

根据以上信息内容要求，最终优选出15家养老机构，详细情况如表7-1所示。其中，包括5家自理型养老机构（占比33%），分别位于武侯区、温江区、锦江区和双流区；10家介助型养老机构（占比67%），分别位于成都各主城区和近郊区。

表7-1　养老机构调查统计　　　　　　　　　　　　　　　　单位：家

区域	养老机构类型		合计
	自理型	介助型	
武侯区	2	1	3
温江区	1	1	2
青羊区	—	1	1
锦江区	1	1	2
成华区	—	2	2
金牛区	—	1	1
双流区	1	1	2
龙泉驿区	—	2	2

选择的15家养老机构具有不同的场外环境状况，从高密度路网形态到低密度路网形态，以及多样化的周边可步行设施。场内环境中，15家养老机构

具有不同的环境状况，环境要素基本上体现了养老机构场内环境景观，且具有一定程度的个体差异。

因此，被调研的15家养老机构从场外环境和场内环境方面都较大程度地反映了整体环境情况。通过对两种环境的差异性研究，能够较有效地分析场外环境对老年人户外健康行为的影响。

二、被调研人群样本选取

对选出的15家养老机构中30%的老年人采用随机抽样的方式进行调查。

被调研老年人需要满足以下要求：

（1）年龄要大于60岁；

（2）能独立活动；

（3）记忆能力较好，能够清晰地记得最近一个月内发生的事情；

（4）具有一定的文化背景，能够理解并对调研问题做出正确选择。

在开展调研问卷之前，调研人员应配合养老机构率先对满足调研条件的老年人进行筛选。随后在养老机构的配合下，调研人员应与被调研老年人进行充分交流和沟通，对本次调研的目的、方式、步骤、关键环节等要素进行重点描述，提高本次调研结果的准确性。

对于被抽样调查的老年人，在开展调查前调研员应对每家养老机构分别进行宣传，必要时形成资料，主要描述调研目的和流程。同时，在养老机构照护人员和管理人员的支持下，事先与每个潜在满足调研条件的老年人沟通，并鼓励其积极参与。最终329名老年人填写了本次调研问卷。

第二节 养老机构调查数据收集及量化编码说明

一、调查数据的收集

1. 问卷发放

与养老机构管理人员沟通后，将参与调研的老年人邀请到其机构的活动室或者公共空间参与调研。为保证调研结果的客观性和真实性，均需独立完成问卷问题。为提高本次调研结果的准确性，调研员应对身高、体重等基础问题进行初步复核。同时，每个老年人的问卷填写时间应不大于30分钟。对于有特殊情况的老年人可以适当延长或缩短调研时间。在调研完成后，机构管理人员应配合提供养老机构的相关资料。

2. 养老机构场内环境自评价

问卷调研结束后，调研员对养老机构场内环境进行评价。在场内环境的选择上，调研员应遵从有代表性和有对比性的原则，评价过程应彼此独立，确保评价结果的准确性和客观性。评价时间原则上不超过30分钟，对于场内因素较多的评价主体，在取得工作人员同意的前提下，可适当延长评价时间。

对于空间数据，通过收集成都市及各区政府的开放GIS数据，运用Arc GIS对养老机构客观环境数据进行测量，其中部分基础设施数据运用谷歌地图测量。

3. 调查问卷的筛选及数据填补

（1）问卷筛选。为确保调研结果的准确性，调研员剔除无效问卷，主要原因是无效问卷有超过50%问题漏填；同时，对于少数个体特征选项出现明显差异的问卷，调研人员进行了二次确认和核对，共剔除无效问卷42份，最终有效问卷287份。

（2）数据填补。对于有效的287份问卷，其中，各问题信息缺失比重占4.6%~12.3%，分类信息缺失比重占4.7%~10.2%，而连续变量的缺失比重占5.2%~12.3%。

对于此部分信息缺失问卷，调研人员采取了数值计算和人工填补的方式。对信息缺失<5.0%的问卷，根据样本特点，可对缺失项进行预测填补或者选取平均值或众数进行填补，如果数据呈现一定趋势，可通过差值法进行填补。对于信息缺失≥5.0%的问卷，调研人员利用SPSS软件，采用EM算法对缺失项进行计算填补。

二、调查数据量化

1. 养老机构户外健康行为量化

对原有的因变量结果进行量化、统一量纲。由于调研收集数据中存在差异,如对活动频率的问题统计数据单位存在差异,因此,对其规定为每周多少次。先计算平均每月的周数,即4.35周(365/12/7=4.35)。然后量化:不活动为0,很少活动为0.5,详细量化值如表7-2所示,时间量化如表7-3所示,活动方式量化如表7-4所示。

表7-2 活动频率量化过程

活动频率	量化结果(次/周)	说明
不活动	0	
很少活动	0.11	0.5/4.35
每月一次活动	0.23	1/4.35
每月两次活动	0.46	2/4.35
每周一次活动	1	
每周三次活动	3	—
每天一次活动	7	1×7
每天多次活动	14	2×7

表7-3 活动时间量化过程

单次活动时间	量化结果(分钟/次)	说明
5分钟	5	单次活动时间选项以主要时间刻度为标准,5分钟及5分钟以内活动时间合并量化为5分钟/次,2小时及2小时以上活动时间合并量化为120分钟/次
约15分钟	15	
约30分钟	30	
约45分钟	45	
约1小时	60	
约1.5小时	90	
2小时或以上	120	

表7-4 户外活动方式量化过程

户外活动方式	量化结果	说明
静坐休息	0	二项分类
四处走动	1	二项分类

对于体能处于一般状态的老年人步行活动,根据相关研究将其户外步行的最低指标定为每周7天,按平均值计算为90分钟/星期。步行的方式包含场

外步行和场内范围内的步行。对于老年人是否达到每周最低指标的情况，用二项分类（0和1）的步行指标。同时为了满足ACSM和AHA的健康指标，本研究分析高体能步行指标也用二项分类的步行指标，其指标为150分钟/周。

选取一般体能步行指标、高体能步行指标和低体能步行指标为因变量，二项分类量化结果如表7-5所示。

表7-5　因变量说明

因变量	量化说明	公式
一般体能步行指标	0：时间 <90min/ 周	户外步行时间 = 场内步行时间 + 场外步行时间
	1：时间≥ 90min/ 周	
高体能步行指标	0：时间 <150min/ 周	户外步行时间 = 场内步行时间 + 场外步行时间
	1：时间≥ 150min/ 周	
低体能步行指标	0：静坐休息	
	1：场内或场外步行	

2. 被调研老年人的个体信息编码

根据自变量的类型，对相关调研指标进行分类，其中，性别、养老机构选择因素、成长环境、机构类型、宠物拥有和摔倒情况被定义为无序变量，此类变量没有严格的顺序界定，各选项之间没有阶梯化的差异；而活动量、健康状况自评价、日常生活照料、活动辅助设施变量则被定义为有序变量，此类变量存在阶梯化的差异，即变量选项属性有程度或者顺序的差别。

以成长环境和健康状况自评价为例，在城市生活的老年人更容易感知到户外环境，同时受外界影响，因此，城市老年人相比农村老年人户外健康行为倾向更明显。对于健康状况自评价因变量，编码包括：一直很好、健康状况有起伏、一直不好。选项属性具有明显的阶梯差异，但为了客观反映选项属性，每相邻属性的差异和间隔应该保持相等。个体信息变量编码如表7-6所示。

表7-6　个体信息变量编码

自变量	编码说明
机构类型	0：介助型；1：自理型

续表

自变量	编码说明
性别	0：女性；1：男性
年龄	—
BMI 指数	体重（kg）/身高^2（m）
居住时间	—
养老机构选择因素	0：未选离家近；1：选离家近
	0：未选离医疗服务中心近；1：选离医疗服务中心近
	0：未选离公园近；1：选离公园近
	0：未选多样化基地设施；1：选多样化基地设施
	0：未选场地景观；1：选场地景观
	0：未选价位；1：选价位
	0：未选安全性；1：选安全性
宠物拥有	0：无；1：有
成长环境	0：农村；1：城市
健康状况自评价	1：一直不好；2：健康状况有起伏；3：一直很好
日常生活照料	1：自理；2：介助
活动辅助设施	0：无；1：轮椅；2：步行器；3：拐杖
摔倒情况	0：无；1：有
活动量比较	1：比一般老年人少；2：与一般老年人相同；3：比一般老年人多

3. 社会环境变量编码

将该变量编码为0和1划分的哑变量，即独自活动定义为0，非独自活动定义为1，具体说明如表7-7所示。

表7-7 老年人问卷中的社会环境变量编码

自变量	编码说明
户外活动方式	0：单独户外活动；1：群体户外活动
医生建议	0：无；1：有

针对养老机构员工问卷中的定序变量，分别采用3等级或4等级李克特量表编码，如表7-8所示。

表7-8　养老机构员工问卷中的社会环境变量编码

维度	自变量	编码说明
机构员工拥有的信息	机构运营时间	—
	机构老年人数量	—
	机构护理人员数量	—
	机构种植场地	0：无；1：有
	园艺疗法	0：无；1：有
	景观设施维护	0：无；1：偶尔；2：经常
机构对老年人场内活动的态度	从建筑设计角度监测老年人活动	1：难；2：比较难；3：比较容易；4：非常容易
	护理人员对老年人场内活动的担忧度	1：非常担忧；2：偶尔担忧；3：完全不担忧
	养老机构工作人员对老年人场内活动的态度	1：不好；2：不太好；3：比较好；4：好
	养老机构对老年人场内活动的开放政策	0：不能；1：同意后能；2：可以自由外出；3：鼓励到场内活动
机构对老年人场外活动的态度	护理人员对老年人场外活动的担忧度	1：非常担忧；2：偶尔担忧；3：完全不担忧
	养老机构工作人员对老年人场外活动的态度	1：不好；2：不太好；3：比较好；4：好
	养老机构对老年人场外活动的开放政策	0：不能；1：同意后能；2：可以自由外出；3：鼓励到场外活动

4. 主观感知环境变量编码

针对定序变量，具体编码结果如表7-9所示。

表7-9　养老机构场地主观感知环境变量编码

维度	自变量	编码说明
对场内活动的态度	对环境的偏好度	1：非常不喜欢；2：不喜欢；3：喜欢；4：非常喜欢
	对环境的感受	1：差很多；2：差一些；3：好一些；4：好很多（与以前相比较）
对场内环境的感知	偏好场内的动物	0：未选择动物；1：选择动物
	偏好场内的植物	0：未选择植物；1：选择植物
	偏好场内的水景	0：未选择水景；1：选择水景

续表

维度	自变量	编码说明
对场内环境的感知	对场内景观的满意度	1：非常不满意；2：不满意；3：满意；4：非常满意
	对场内步道的满意度	1：非常不满意；2：不满意；3：满意；4：非常满意
	对坐息环境的满意度	1：非常不满意；2：不满意；3：满意；4：非常满意
	室内外空间的便捷性	1：困难；2：还行；3：容易
	室内到室外的通行性	1：困难；2：还行；3：容易
	室外到室内的通行性	1：困难；2：还行；3：容易
	室内外环境的可视性	1：差；2：一般；3：好
	室外环境的通透性	1：差；2：一般；3：好

5. 客观场地空间量化

客观场地空间的量化顺序为：假设、总分计算、排序、筛选。客观场地空间量化的研究是基于假设养老机构老年人主观更为倾向环境较好的户外场地。在此基础上，对调研员收集的问卷进行总分计算，每家养老机构均对应5组总分数据，随后对总分数据以降序的方式进行排序，选取每家养老机构5组数据中排名前两位的数据作为较高总分的户外场地。

6. 场外主观感知环境变量编码

针对定序变量编码结果如表7-10所示。

表7-10　养老机构场外主观感知环境变量编码

维度	自变量	编码说明
对场外活动偏好和态度	对步行的偏好度	1：非常不喜欢；2：不喜欢；3：喜欢；4：非常喜欢
	步行后的感受	1：差很多；2：差一些；3：好一些；4：好很多（与以前相比较）
对场外设施的认知	对场外设施的感知	0：未选择便利店；1：选择便利店
		0：未选择市场；1：选择市场
		0：未选择医疗服务中心；1：选择医疗服务中心
		0：未选择公共空间；1：选择公共空间
场外步行的适宜性	道路通达度	1：非常不满意；2：不满意；3：满意；4：非常满意
	道路两侧的树荫	1：非常不满意；2：不满意；3：满意；4：非常满意
	人行道景观的视觉性	1：非常不满意；2：不满意；3：满意；4：非常满意
人行道维护情况	人行道覆盖度	1：非常不满意；2：不满意；3：满意；4：非常满意

续表

维度	自变量	编码说明
人行道维护情况	人行道维护	1：非常不满意；2：不满意；3：满意；4：非常满意
	人行道的独立性	1：非常不满意；2：不满意；3：满意；4：非常满意
场外步行的安全性	步行障碍性	1：非常不满意；2：不满意；3：满意；4：非常满意
	交通流量	1：非常不满意；2：不满意；3：满意；4：非常满意
	人行横道	1：非常不满意；2：不满意；3：满意；4：非常满意
	空气质量	1：非常不满意；2：不满意；3：满意；4：非常满意
	夜间照明	1：非常不满意；2：不满意；3：满意；4：非常满意

第三节　养老机构调查数据信度模型论证

一、信度分析的引入

信度分析是评价调查问卷是否具有稳定性和可靠性的有效的分析方法，同时也是对数据结论真实性的有效检验。信度系数越高，则说明数据结论越接近实际状态，越可靠。信度分析包括内在信度分析和外在信度分析，常用的信度分析方法有：重测信度法、折半信度法、α信度系数法等。

1. 内在信度分析

内在信度分析是指在给定的相同条件下各测量结果的一致性或稳定性程度。在本书中，内在信度分析是指每次测量过程中，调研问卷的问题是否具有一致性，是否属于同一概念的测量范畴。折半信度法在检验一致性时需要对数据的方差进行假设，一般采用Spearman-Brown或Flanagan方法进行一致性检验。由于本次调研对数据方差并没有强制要求，因此，采用常见的α信度系数法进行检验，系数越高，则一致性越高。

在综合国内外相关学者研究的基础上，对于一般态度或心理感知量表，本书取α系数≥0.8为信度最好，[0.7，0.8) 为可接受范围，<0.7为重新修订，即各问题之间的一致性较差；对于分量表（问卷），本次研究取α系数≥0.7为信度最好，[0.6，0.7) 为可接受范围，<0.6为重新修订，即各问题

的内在一致性较差,Cronbach's α系数检验参数如表7-11所示。

表7-11 Cronbach's α系数检验参数

数据量表类别	Cronbach's α		
	最好	可接受范围	重新修订
一般态度或心理感知量表	≥0.8	[0.7, 0.8)	<0.7
分量表(问卷)	≥0.7	[0.6, 0.7)	<0.6

2. 外在信度分析

外在信度分析是对数据结果稳定性的检验,通常是指同一研究者在相同条件下对同一测量对象的重复研究结论是否具有一致性。如果研究者在重复研究下均得出相同的结论,则说明该数据结果外在信度较好;相反,如果研究者在重复研究下结论具有差异性,则说明该数据结果外在信度较差。

本次研究用ICC组内相关系数(Intraclass Correlation Coefficient)作为衡量外在信度的指标,其值位于0~1之间,ICC系数越大,则说明外在信度越好;相反,ICC系数越小,则说明外在信度越差。本书以0.70作为ICC阈值,即ICC系数低于0.70时,两组调研人员对问题的认知差异较大。

二、逻辑回归建模

本次研究包括分类变量、定序变量和定距变量,无法用正态分布对数据结果进行准确描述。因此,采用逻辑回归模型作为统计分析的模型,公式如下:

$$f(p_i) = \frac{1}{1+e^{pi}} = \frac{1}{1+e^{(\beta_0+\beta_1 x_{i1}+\beta_2 x_{i2}+L+\beta_k x_{ik})}} \tag{7-1}$$

逻辑分析作为一种线性回归分析方法,实质是研究因变量和自变量的关联关系。利用逻辑分析不仅可以识别影响研究主体的主要因素,同时也可以利用影响因素实现对事物未来发展的预测,因此,被广泛用于营销活动、癌症预测等领域。以养老机构老年人户外健康行为为例,影响老年人进行户外健康行为的因素很多,通过分析变量的权重,可以识别影响研究主体的主要因素,同时通过影响因素可以预测未来养老机构老年人进行户外健康行为的可能性,并针对影响因素提出措施和解决方案。

确保逻辑回归分析中研究因素具有统计学意义是逻辑回归分析的重点，本次研究分别采用单因素逻辑回归和多因素逻辑回归实现对自变量的筛选。

（1）单因素逻辑回归。单因素逻辑回归是针对因变量仅有1个自变量影响的情况，这时的逻辑回归只有1个因变量和1个自变量，因此，检验过程无法同时进行。单因素逻辑回归通常用于自变量的初步筛选，p值<0.05作为单因素逻辑回归的阈值，保留相应自变量进行多元分析。

（2）多因素逻辑回归。与单因素逻辑回归不同的是，多因素逻辑回归可以针对1个因变量、多个自变量的情况进行线性回归分析。通常做法是先借助个体信息方面的数据，生成基础模型。为了确保数据结果的准确性，再将其余自变量一对一地添加到基础模型中进行检验，通常将p值<0.05作为检验的区间值；对于部分有重要理论意义的自变量，若其p值<0.20，仍旧可以进行下一步分析。最后，依次导入社会环境变量、场内环境变量和场外环境变量。由此形成以下三类完整模型：

主观环境模型：基础模型+社会环境+场内主观感知环境+场外主观感知环境。

客观环境模型：基础模型+社会环境+场地客观环境+基地客观环境。

主观和客观环境组合模型：基础模型+社会环境+场地主观感知环境+基地主观感知环境+场地客观环境+基地客观环境。

在完整模型中，依据以下原则剔除大量相关性的自变量：

（1）将单个自变量的p值<0.05作为检验阈值，对于少数有重要理论意义自变量，若其p值<0.20，则仍旧可以进行下一步分析；

（2）拟合优度指标（H–L）的Sig≥0.05；

（3）Nagelkerke R^2和Cox & Snell R^2值越大，精度越好。Cox & Snell R^2的取值范围介于0～1之间，其值越接近1，则说明精度越好，计算公式：

$$R^2cs = 1 - \left[\frac{1(0)}{1(\hat{\beta})}\right]^2 \tag{7-2}$$

其中，1（0）表示初始模型的似然值，1（β）表示当前模型的似然值。Nagelkerke R^2作为Cox & Snell R^2的调整值，反映了可被解释的变异百分比，公式为：

$$R^2_N = R^2cs/\max(R^2cs) \tag{7-3}$$

优势比（OR）是逻辑回归分析中的重要参数，通常用来描述可能发生事件概率与可能不发生事件概率的比值，计算公式为（7-4）。

$$\exp(\beta_x) = \frac{P(Y=1|X=1, Z_1, \cdots, Z_p)/P(Y=0|X=1, Z_1, \cdots, Z_p)}{P(Y=1|X=0, Z_1, \cdots, Z_p)/P(Y=0|X=0, Z_1, \cdots, Z_p)} \tag{7-4}$$

三、模型比较

由于调查研究所形成的自变量较多，采用卡方检验比较-2对数似然比来选择更高解释度的模型。

-2对数似然比是判断模型拟合度优劣的数据，记作-2LL。通常-2对数似然比的值越小，则模型拟合度越好，精度越高。通过对比两个模型的-2对数似然比，可以验证模型解释度差别是否具有统计学意义。

第四节 养老机构调查信息数据描述性统计及信度分析

一、被调查老年人个体信息的描述性统计

老年人个体信息变量如表7-12、表7-13和表7-14所示。

由表7-12可知，养老机构中被调查老年人的基本信息，162（56.45%）位在自理型养老机构，125（43.55%）位在介助型养老机构，月平均成本为1748.26元（标准差=376.25）。被调研对象中，女性有193（67.25%）名，男性有94（32.75%）名，平均年龄为71.26岁（标准差=4.58）。平均BMI指数为20.66（标准差=1.576）。除此之外，被调研对象中202（70.38%）名老年人成长环境为城市，85名（29.62%）老年人成长环境为农村。

表7-12 被调查老年人基本信息描述性统计

自变量		频率（百分比）/均值 ± 标准差
护理模式	自理型	162（56.45%）
	介助型	125（43.55%）

续表

自变量		频率（百分比）/均值 ± 标准差
性价比（元/月）		1748.26 ± 376.25
性别	女性	193（67.25%）
	男性	94（32.75%）
年龄		71.26 ± 4.58
平均BMI指数		20.66 ± 1.576
居住时间（月）		26.41 ± 11.41
养宠物		16（5.57%）
成长环境	城市	202（70.38%）
	农村	85（29.62%）

表7-13　被调查老年人个体健康状况描述性统计

自变量		频率（百分比）/均值 ± 标准差
健康状况自评价	一直很好	144（50.17%）
	健康状况有起伏	86（29.96%）
	一直不好	57（19.87%）
日常生活照料	自理	212（73.87%）
	介助	75（26.13%）
活动辅助设施	无	123（42.86%）
	步行器	76（26.48%）
	轮椅	88（30.66%）
摔倒情况	无	204（71.08%）
	有	83（28.92%）
活动量比较	比一般老年人多	102（35.54%）
	与一般老年人相同	131（45.64%）
	比一般老年人少	54（18.82%）

由表7-13可知，被调查老年人在对个体健康状况自评价中，均能对自身情况有客观的评价。144（50.17%）名老年人认为自我健康状况一直很好，86（29.96%）名老年人认为自我健康有起伏，57（19.87%）名老年人认为自我健康状况较差。在老年人需要的日常生活照料中，212（73.87%）名老年人不需要任何生活照料，可

以完全自理，75名老年人则需要机构不同程度的生活照料。在辅助设施中，42.86%的老年人可以独立行动，57.14%的老年人需要借助步行器或轮椅行动。

除此之外，在287名老年人中，83（28.92%）名老年人在过去有过摔倒经历，102（35.54%）名老年人认为自己的活动量比其他老年人多，54（18.82%）名老年人认为自己的活动量比一般老年人少。

在关于老年人对养老机构的选择因素中，首先，离家人近（91.29%）、离医疗服务中心近（80.06%）是老年人的主要考量因素。其次是养老机构的安全性（74.56%）与养老机构道路周边景致（64.46%），对于性价比自变量，其选择频率约为41.46%，如表7-14所示。

表7-14 老年人对养老机构的选择因素描述性统计

自变量	频率（百分比）/均值 ± 标准差
离家人近	262（91.29%）
离医疗服务中心近	247（80.06%）
配套设施	176（61.32%）
性价比	119（41.46%）
安全性	214（74.56%）
道路周边景致	185（64.46%）

二、养老机构老年户外健康行为的描述性统计

通过对问卷进行统计和分析，养老机构中老年人场内活动的平均时间为每周247.57分钟，标准差为153.26。其中，场内步行平均时间为每周48.72分钟，标准差为10.23；基地步行平均时间为每周28.64分钟，标准差为9.36。由此，老年人户外步行总平均时间为每周77.36分钟，近似于每天步行7分钟，与ACSM和AHA健康身体运动的建议标准相比，调查的成都市养老机构中的老年人普遍缺乏运动。

对于一般体能步行指标中，83（28.92%）名老年人能够达到此要求，204（71.08%）名老年人则无法达标。对于高体能步行指标，仅有42（14.63%）名老年人达标，其余245（85.37%）名老年人则无法达标。在户外健康行为指标中，188（65.51%）名老年人仅在场内休憩，而99（34.49%）名老年人参与户外活动，如表7-15所示。

表7-15 因变量描述性统计

因变量		频率（百分比）/均值 ± 标准差
场内活动时间		247.57 ± 153.26
场内步行时间		48.72 ± 10.23
基地步行时间		28.64 ± 9.36
总步行时间		77.36 ± 32.645
一般体能步行指标	达标	83（28.92%）
	不达标	204（71.08%）
高体能步行指标	达标	42（14.63%）
	不达标	245（85.37%）
户外健康行为	仅在场内休憩	188（65.51%）
	参与户外活动	99（34.49%）

三、场外空间要素的描述性统计及信度分析

1. 主观测量

场外活动偏好描述性统计及信度分析如表7-16所示。其中，对场外步行的偏好度均值为2.41，标准差为1.271，根据编码和变量度量，老年人对场外步行倾向于不喜欢；自变量场外步行后的感受均值为2.47，标准差为0.933，根据编码和变量度量，老年人对该自变量的态度倾向于不喜欢。由于自变量的α检验系数为0.883，因此，该数据结果的可靠性较高。

表7-16 场外活动偏好描述性统计及信度分析

自变量	均值 ± 标准差	Cronbach's α（该变量删除后）	变量度量
场外活动偏好和态度（Cronbach's α=0.883）			
对场外步行的偏好度	2.41 ± 1.271	—	1：非常不喜欢；2：不喜欢；3：喜欢；4：非常喜欢
场外步行后的感受	2.47 ± 0.933	—	1：差很多；2：差一些；3：好一些；4：好很多（与以前相比较）

场外设施偏好描述性统计及信度分析如表7-17所示。其中，便利店、杂货店被选择频率为103（29.1%）次，市场的选择频率为79（27.53%）次，

餐厅和公共空间的选择频率较高，分别占46.34%和56.79%。除此之外，59（20.56%）名老年人感知到医疗服务中心，平均每名老人可感知到1.13种场外设施。由于自变量的α检验系数为0.807，因此，该数据结果的可靠性较高。

表7-17　场外设施感知维度描述性统计及信度分析

自变量	频率（百分比）/均值 ± 标准差	Cronbach's α（该变量删除后）	变量度量
基地设施感知（Cronbach's α=0.807）			
便利店、杂货店	103（29.1%）	0.713	
市场	79（27.53%）	0.701	
餐厅	133（46.34%）	0.708	0：未选择；1：选择
公共空间	163（56.79%）	0.732	
医疗服务中心	59（20.56%）	0.728	
场外设施	1.13 ± 0.844	0.811	

被调查的287名老年人对步行的适应性均采用4分制李克特量表，由于自变量的α系数为0.793，说明内在信度良好，分析数据如表7-18所示。

表7-18　步行的适宜性描述性统计及信度分析

自变量	均值 ± 标准差	Cronbach's α（该变量删除后）	变量度量
步行的适宜性（Cronbach's α=0.793）			
道路连接度	1.53 ± 0.427	0.726	1：非常不满意；2：不满意；3：满意；4：非常满意
道路两侧的树荫	2.01 ± 0.912	0.747	
道路周边景致	1.78 ± 0.970	0.619	1：非常不满意；2：不满意；3：满意；4：非常满意

被调查的287名老年人对于人行道维护情况的感知情况的信度分析，由于自变量的α系数为0.773，说明该数据内在信度良好，如表7-19所示。

表7-19　人行道维护维度描述性统计及信度分析

自变量	均值 ± 标准差	Cronbach's α（该变量删除后）	变量度量
人行道维护情况（Cronbach's α=0.773）			

续表

自变量	均值 ± 标准差	Cronbach's α（该变量删除后）	变量度量
人行道覆盖度	2.43 ± 1.042	0.702	1：非常不满意；2：不满意；3：满意；4：非常满意
人行道维护	2.15 ± 1.011	0.637	
人行道的独立性	2.42 ± 1.201	0.785	

被调查的287名老年人对于场外步行安全的感知，由于自变量的α系数为0.811，说明内在信度良好，如表7-20所示。

表7-20 场外步行的安全性维度描述性统计及信度分析

自变量	频率（百分比）/均值 ± 标准差	Cronbach's α（该变量删除后）	变量度量
场外步行的安全性（Cronbach's α=0.811）			
步行障碍性	3.321 ± 1.117	0.705	
交通流量	3.410 ± 0.833	0.710	1：非常不满意；2：不满意；3：满意；4：非常满意
人行横道	1.772 ± 0.581	0.752	
空气质量	1.861 ± 0.724	0.801	
夜间照明	1.621 ± 0.847	0.792	

2. 客观测量

本书利用Arc GIS软件对场外步行适宜性指标中的土地维度指标进行测量，其中，居住用地比例均值为23.88%，商业用地比例均值为31.65%，商业居住用地比例均值为8.36%；同时，利用谷歌地图对相关道路要素进行测量，其中，道路长度的均值为5474.88米，道路交叉口数量平均为5.84个，道路交叉口密度为0.21个，相关维度描述如表7-21所示。

表7-21 场外步行的适宜性维度描述性统计

自变量	均值 ± 标准差
居住用地比例（%）	28.33 ± 12,644
商业用地比例（%）	31.65 ± 17.639
商业居住用地比例（%）	8.36 ± 6.061
道路长度（米）	5474.88 ± 1394.346

续表

自变量	均值 ± 标准差
道路交叉口数量（个）	5.84 ± 2.234
道路交叉口密度（个）	0.21 ± 0.102

注：自变量基于 Arc GIS 软件空间统计 300 米缓冲区数据。

在场外步行安全性指标中，15家养老机构离高速公路平均最近距离为2633.52米，快速公路比例为36.73%，交通信号灯数量为1.78个。具体的维度描述如表7-22所示。

表7-22　场外步行的安全性维度描述性统计

自变量	频率（百分比）/ 均值 ± 标准差
高速公路最近距离	2633.52 ± 1024.003
快速公路比例	36.73 ± 16.152
慢速公路线密度	48.66 ± 17.323
交通信号灯数量	1.78 ± 0.942

注：自变量基于 Arc GIS 软件空间统计 300 米缓冲区数据。

在场外设施维度中，15家养老机构平均公交站点数量为4.24个，均值2.125；便利店数量0.92个，均值0.517；市场数量0.33个，均值0.512；餐厅数量4.15个，均值5.321；公园数量0.141个，均值0.747；医疗服务中心数量1.85个，均值1.877，如表7-23所示。

表7-23　场外设施维度描述性统计

自变量	频率（百分比）/ 均值 ± 标准差
公交站点数量（个）	4.24 ± 2.125
便利店最短距离（百米）	1.44 ± 1.211
便利店数量（个）	0.92 ± 0.517
市场最短距离（百米）	0.55 ± 0.478
市场数量（个）	0.33 ± 0.512
餐厅最短距离（百米）	2.17 ± 1.867
餐厅数量（个）	4.15 ± 5.321
公园最短距离（百米）	1.257 ± 3.262
公园数量（个）	0.141 ± 0.747

续表

自变量	频率（百分比）/均值 ± 标准差
医疗服务中心最短距离（百米）	3.17 ± 1.946
医疗服务中心数量（个）	1.85 ± 1.877

注：自变量基于谷歌地图网页版统计300米缓冲区数据。

四、场内空间要素的描述性统计及信度分析

1. 主观测量

对于场内环境变量，由于自变量的α系数为0.714，基本满足信度要求。

对于场地活动感知维度，由于自变量的α系数为0.756，基本满足信度要求，其描述性统计如表7-24所示。

表7-24 场内环境感知变量描述性统计及信度分析

自变量	频率（百分比）/均值 ± 标准差	Cronbach's α（该变量删除后）	变量度量
场内活动偏好（Cronbach's α=0.714）			
对场内活动的偏好	3.27 ± 0.725	—	1: 非常不喜欢; 2: 不喜欢; 3: 喜欢; 4: 非常喜欢
场内活动后的感受	3.01 ± 0.409	—	1: 差很多; 2: 差一些; 3: 好一些; 4: 好很多（与以前相比较）
场内环境感知（Cronbach's α=0.756）			
偏好场内的动物	191（44.9%）	0.688	0: 未选择; 1: 选择
偏好场内的植物	251（59.1%）	0.68	
偏好场内的花卉	279（65.6%）	0.679	
偏好场内的水景	121（28.5%）	0.70	
对场内景观的满意度	2.17 ± 0.800	0.648	1: 非常不满意; 2: 不满意; 3: 满意; 4: 非常满意
对场内步道的满意度	2.76 ± 1.129	0.655	
对坐息环境的满意度	208（48.9%）	0.680	
室内外空间的便捷性	2.22 ± 0.789	0.654	1: 困难; 2: 还行; 3: 容易
室内到室外的通行性	401（94.4%）	0.710	
室外到室内的通行性	399（93.9%）	0.710	
室内外环境的可视性	2.24 ± 0.691	0.688	1: 差; 2: 一般; 3: 好
室外环境的通透性	1.82 ± 0.757	0.701	

2. 客观测量

在SOS问卷的接触自然维度中，对调查人员获得的统计信息进行信度分析，由于自变量的α检验系数为0.879，因此，该数据结果的一致性较高。自变量ICC系数均>0.7，超过阈值，因此，测量结果较稳定。故该自变量的内在信度和外在信度均满足要求，数据结果较为可靠，如表7-25所示。

表7-25　接触自然维度描述性统计及信度分析

自变量	均值 ± 标准差	Cronbach's α（该变量删除后）	类内相关系数 ICC（平均测量）	变量度量
接触自然（Cronbach's α=0.879）				
植被生长情况和可视性	8.01 ± 1.313	0.864	0.874	0：无此环境；1：完全不满足使用；10：完全满足使用
植被种类的多样性	7.92 ± 1.479	0.903	0.951	
植被色彩的多样性	5.31 ± 2.791	0.891	0.947	
植物的可亲近性	6.71 ± 3.014	0.906	0.962	
座椅周围有景可赏	7.54 ± 1.611	0.897	0.955	
座椅有绿植遮挡	6.82 ± 1.917	0.902	0.982	
水景的视觉性	3.41 ± 3.28	0.903	0.994	
动态景观的视觉性	6.21 ± 1.945	0.929	0.947	
宠物设施	7.07 ± 2.563	0.914	0.936	
场地安静性	7.09 ± 2.902	0.907	0.878	
免于邻里干扰	7.91 ± 1.538	0.921	0.839	
有私密性环境	7.04 ± 1.628	0.913	0.907	

在SOS问卷的舒适性和安全性维度中，对调查人员所得的资料进行信度分析，由于自变量的α检验系数为0.877，因此，该数据结果的一致性较高。自变量ICC系数均>0.7，超过阈值，因此，测量结果较稳定。故该自变量的内在信度和外在信度均满足要求，数据结果较为可靠，详细描述性统计如表7-26所示。

表7-26　舒适性及安全性维度描述性统计及信度分析

自变量	均值 ± 标准差	Cronbach's α（该变量删除后）	类内相关系数 ICC（平均测量）	变量度量
舒适性及安全性（Cronbach's α=0.877）				

续表

自变量	均值 ± 标准差	Cronbach's α（该变量删除后）	类内相关系数 ICC（平均测量）	变量度量
休息设施的完备性	5.87 ± 2.113		0.931	0：无此环境；1：完全不满足使用；10：完全满足使用
休息设施可选择性	6.03 ± 1.964	0.837	0.931	
可移动休息设施	6.93 ± 2.041	0.844	0.911	
休息设施的安全性	7.64 ± 1.510	0.861	0.706	
休息设施的便捷性	7.52 ± 1.081	0.862	0.716	
休息设施舒适度	7.41 ± 1.510	0.861	0.844	
休息设施材质	6.87 ± 2.147	0.857	0.962	
休息设施有相关配套	6.411 ± 2.512	0.851	0.947	
场内维护良好	7.31 ± 3.012	0.844	0.951	
独立吸烟区	3.91 ± 2.741	0.862	0.965	

在SOS问卷的接触散步和户外活动维度中，对调查人员所得的信息进行信度分析，由于自变量的α检验系数为0.848，因此该数据结果的一致性较高。自变量ICC系数均>0.7，超过阈值，因此，测量结果较稳定。故该自变量的内在信度和外在信度均满足要求，数据结果较为可靠，详细描述性统计如表7-27所示。

表7-27 散步和户外活动维度描述性统计及信度分析

自变量	均值 ± 标准差	Cronbach's α（该变量删除后）	类内相关系数 ICC（平均测量）	变量度量
散步和户外活动（Cronbach's α = 0.848）				
环状道路	6.92 ± 2.917	0.813	0.989	0：无此环境；1：完全不满足使用；10：完全满足使用
道路周边景致	6.42 ± 2.317	0.801	0.954	
道路平整度	7.42 ± 0.588	0.849	0.849	
道路铺装	6.54 ± 2.193	0.855	0.913	
道路两侧的树荫	6.31 ± 2.317	0.818	0.950	
道路安全设施	0.746 ± 1.415	0.824	0.998	
道路周边的休息设施	5.24 ± 3.199	0.805	0.992	
交际行为空间	6.128 ± 3.015	0.811	0.978	
健身行为空间	4.03 ± 3.240	0.795	0.998	
休闲行为空间	3.04 ± 2.473	0.844	0.981	

在SOS问卷的室内外联系性维度中,对调查人员所收集的资料进行信度分析,由于自变量的α检验系数为0.341,故该数据结果的一致性较低。自变量ICC系数均>0.7,超过阈值,因此,测量结果较稳定,如表7-28所示。

表7-28 室内外的联系性维度描述性统计及信度分析

自变量	均值 ± 标准差	Cronbach's α（该变量删除后）	类内相关系数ICC（平均测量）	变量度量
室内外的联系性（Cronbach's α=0.341）				
室内外环境的通透性	6.47 ± 2.151	0.417	0.972	
室内外空间的便捷性	7.26 ± 1.711	0.366	0.936	
多入口	6.89 ± 2.742	0.425	0.969	
室内到室外的过渡区域	6.44 ± 1.643	0.531	0.928	
室外到室内的过渡区域	7.04 ± 1.319	0.399	0.874	0：无此环境；1：完全不满足使用；10：完全满足使用
大门安全性	7.22 ± 2.583	0.347	0.982	
大门便捷性	7.46 ± 1.917	0.286	0.963	
大门开闭性	7.13 ± 1.846	0.301	0.944	
自动门	4.15 ± 3.769	0.417	0.989	
门槛高低	7.12 ± 0.913	0.462	0.767	
道路平整度	7.47 ± 0.716	0.501	0.849	

综上,该自变量的外在信度满足要求,但内在信度较低,需重新调整,调整后的α检验系数为0.711,内在信度满足要求,同时,自变量ICC系数均>0.7,超过阈值,测量结果较稳定。因此,调整后的维度信度满足要求。变量调整后的数据如表7-29所示。

表7-29 室内外的联系性维度变量调整

自变量	Cronbach's α（该变量删除后）	类内相关系数ICC（平均测量）
室内外的联系性（Cronbach's α=0.711）		
室内外环境的通透性	0.707	0.972
室内外空间的便捷性	0.624	0.936
室外到室内的过渡区域	0.638	0.874

续表

自变量	Cronbach's α（该变量删除后）	类内相关系数 ICC（平均测量）
大门安全性	0.609	0.982
大门便捷性	0.586	0.963
大门开闭性	0.577	0.944
自动门	0.628	0.989
门槛高低	0.601	0.767
地面平整度	0.702	0.849

关于SOS问卷的外界环境联系性维度，对调查人员所得数据进行信度分析，由于自变量的α检验系数为0.847，因此，该数据结果的一致性较高。自变量ICC系数均>0.7，超过阈值，因此，测量结果较稳定。故该自变量的内在信度和外在信度均满足要求，数据结果较为可靠，详细描述性统计见表7-30。

表7-30 外界环境的联系性维度描述性统计及信度分析

自变量	均值 ± 标准差	Cronbach's α（该变量删除后）	类内相关系数 ICC（平均测量）	变量度量
外界环境的联系性（Cronbach's α=0.847）				
入口花园	6.94 ± 2.177	0.867	0.952	0：无此环境；1：完全不满足使用；10：完全满足使用
可看到到访车辆	6.03 ± 1.993	0.793	0.944	
对外交流	3.21 ± 2.478	0.802	0.985	
道路周边景致	3.31 ± 1.742	0.793	0.917	
周边的交通	5.20 ± 1.784	0.811	0.996	
周边的人群活动	3.44 ± 2.451	0.845	0.982	

五、对外部健康行为空间的社会空间要素描述性统计及信度分析

通过对养老机构中老年人个体活动情况的调查统计可知，有196位老年人的户外活动是同相关人员一同进行的，有103位老年人表示被医生建议过外出步行活动。描述性统计如表7-31所示。

表7-31　老年人个体活动社会因素描述性统计

自变量		频率（百分比）
户外活动	群体活动	196（68.29%）
	独立活动	91（31.71%）
医生建议	无	184（64.11%）
	有	103（35.89%）

对于被调查的养老机构基本信息，详细的统计性描述如表7-32所示。

表7-32　被调查养老机构基本信息描述性统计

自变量	频率（百分比）/均值 ± 标准差	变量度量
运营时间（年）	12.34 ± 5.716	—
养老机构老年人数量（人）	123.27 ± 84.251	—
护理人员数量（人）	30.26 ± 17.319	—
景观设施维护	1.844 ± 0.731	0：不维护；1：偶尔维护；2：维护
室内监测老年人场地活动的便捷性	3.456 ± 1.241	1：难；2：比较难；3：比较容易；4：非常容易

对于被调查的15家养老机构中管理人员对场内活动的看法统计，由于自变量的α系数为0.788，满足信度要求，详细描述性如表7-33所示。

表7-33　机构管理人员对老年人户外活动看法描述性统计及信度分析

自变量	频率（百分比）/均值 ± 标准差	Cronbach's α（该变量删除后）	变量度量
机构对老年人场内活动的看法（Cronbach's α = 0.788）			
护理人员对老年人场内活动的担忧度	2.64 ± 0.501	0.537	1：非常担忧；2：偶尔担忧；3：完全不担忧
养老机构工作人员对老年人场内活动的态度	3.81 ± 0.247	0.892	1：不好；2：不太好；3：比较好；4：好
养老机构对老年人场内活动的开放政策	3.04 ± 0.512	0.625	0：不能；1：同意后能；2：可以自由外出；3：鼓励到场内活动

续表

自变量	频率（百分比）/均值 ± 标准差	Cronbach's α（该变量删除后）	变量度量
机构对老年人场外活动的态度（Cronbach's a=0.837）			
护理人员对老年人场外活动的担忧度	2.011 ± 0.745	0.744	1：非常担忧；2：偶尔担忧；3：完全不担忧
养老机构工作人员对老年人场外活动的态度	3.17 ± 0.983	0.801	1：不好；2：不太好；3：比较好；4：好
养老机构对老年人场外活动的开放政策	1.29 ± 0.544	0.857	0：不能；1：同意后能；2：可以自由外出；3：鼓励到场外活动

第八章 养老机构外部健康行为空间要素关联度分析

第一节 高体能老年人健康行为空间要素关联度分析

一、高体能老年人健康行为空间要素关联度的单因素分析

1. 个体信息变量

养老机构的照料模式（OR=3.157，p=0.001）、性别（OR=2.892，p=0.001）、公园距离（OR=3.288，p=0.019）、宠物拥有（OR=5.234，p<0.001）、成长环境（OR=2.963，p<0.001）、健康自评价（OR=3.877，p<0.001）、活动量（OR=15.641，p<0.001）等自变量，均与老年人能达到高体能状态步行指标的概率呈正相关。

性价比（OR=0.946，p<0.001）、年龄（OR=0.841，p<0.001）、BMI指数（OR=0.517，p<0.001）、居住时间（OR=0.918，p<0.001）、活动辅助设施（OR=0.146，p<0.001）、摔倒情况（OR=0.089，p=0.001）等自变量，均与老年人能达到高体能状态步行指标的概率呈负相关，详细数据如表8-1所示。

表8-1 个体信息变量二元逻辑回归

自变量	回归系数 B	优势比（OR）	p 值	优势比 95% 信任区间（OR 95% C.I.）		变量度量设置
				下限	上限	
照料模式	1.019	3.157	0.001	1.647	7.819	0：介助型；1：自理型
性价比	-0.019	0.946	<0.001	0.996	0.999	
性别	1.110	2.892	0.001	1.493	5.373	0：女性；1：男性

续表

自变量	回归系数 B	优势比 (OR)	p 值	优势比 95% 信任区间 (OR 95% C.I.)		变量度量设置
				下限	上限	
年龄	−0.164	0.841	<0.001	0.789	0.910	
BMI 指数	−0.482	0.517	<0.001	0.489	0.789	
居住时间	−0.063	0.918	<0.001	0.909	0.971	
公园距离	1.207	3.288	0.019	1.216	8.644	1：未选择；2：选择
宠物拥有	1.764	5.234	<0.001	2.101	12.967	1：无；2：有
成长环境	1.114	2.963	<0.001	1.705	5.811	1：农村；2：城市
健康自评价	1.278	3.877	<0.001	2.150	7.210	1：一直不好；2：健康状况有起伏；3：一直很好
活动辅助设施	−2.164	0.146	<0.001	0.049	0.261	1：无；2：轮椅；3：步行器；4：拐杖
摔倒情况	−2.407	0.089	0.001	0.024	0.414	1：无；2：有
活动量比较	2.693	15.641	<0.001	5.856	41.372	1：比一般老年人少；2：与一般老年人相同；3：比一般老年人多

2. 社会环境变量

医生建议（OR=13.874, p<0.001）、老年人入住数量（OR=1.012, p=0.001）、护理人员总数（OR=1.027，p=0.016）、场内景观维护（OR=1.799，p=0.035）、对老年人场内活动的担忧度（OR=5.177，p=0.024）、对老年人场外活动的担忧度（OR=1.619，p=0.017）、对老年人场内活动的态度（OR=2.796，p=0.002）、对老年人场外活动的政策（OR=3.207，p=0.001）等变量，均与老年人能达到高体能状态步行指标的概率呈正相关。

交通工具活动（OR=1.317，p=0.002）、总室外活动数（OR=1.246，p=0.001）、总室外活动比例（OR=1.116，p<0.001）等变量，与老年人能达到高体能步行指标的概率呈正相关。而总活动数（OR=0.929，p=0.029）、室内活动数（OR=0.689，p=0.001）、总室内非体力活动数（OR=0.927，p=0.022）等变量，与老年人能达到高体能状态步行指标的概率呈负相关。详细数据如表8-2所示。

表 8-2 社会环境变量二元逻辑回归

自变量	回归系数 B	优势比（OR）	p 值	优势比 95% 信任区间（OR 95% C.I.）		变量度量设置
				下限	上限	
医生建议	2.642	13.874	<0.001	7.265	27.372	1：无；2：有
老年人入住数量	0.039	1.012	0.001	1.001	1.006	
护理人员总数	0.012	1.027	0.016	1.001	1.023	
场内景观维护	0.621	1.799	0.035	1.038	3.276	1：从不；2：偶尔；3：经常
对老年人场内活动的担忧度	1.647	5.177	0.024	1.244	21.171	1：非常担忧；2：偶尔担忧；3：完全不担忧
对老年人场外活动的担忧度	0.489	1.619	0.017	1.093	2.452	1：非常担忧；2：偶尔担忧；3：完全不担忧
对老年人场内活动的态度	1.039	2.796	0.002	1.317	5.026	1：不好；2：不太好；3：比较好；4：好
对老年人场外活动的政策	1.151	3.207	0.001	1.562	6.359	0：不能；1：同意后能；2：可以自由外出；3：鼓励到场外活动
总活动数	-0.066	0.929	0.029	0.813	0.967	
交通工具活动数	0.289	1.317	0.002	1.112	1.609	
室内活动数	-0.371	0.689	0.001	0.549	0.858	
总室外活动数	0.227	1.246	0.001	1.112	1.509	
总室外活动比例	0.116	1.116	<0.001	1.056	1.077	
总室内非体力活动数	-0.066	0.927	0.022	0.883	0.989	

社会环境变量中，老年人入住数量、对老年人场内活动的担忧度、对老年人场外活动的态度、对老年人场外活动的政策、交通工具活动数、总室外活动数、总室外活动比例等变量的优势增大，说明在不考虑其他因素的情况下，该类自变量每发生1个单位的变化，所引起的高体能状态步行指标改变值比相对较大。

社会环境变量中，医生建议、对老年人场外活动的担忧度、总活动数、室内活动数、总室内非体力活动数等变量的优势减小，说明在不考虑其他因素的情况下，该类自变量每发生1个单位的变化，所引起的高体能步行指标改变值相对较小。

3. 场内环境变量

主观场地环境变量中，对活动场地的偏好度（$OR=3.169$，$p<0.001$）、场内活动后的感受（$OR=6.492$，$p<0.001$）、偏好场内的动物（$OR=7.899$，$p<0.001$）、偏好场内的植物等（$OR=4.873$，$p<0.001$）、偏好场内的花卉（$OR=7.101$，$p<0.001$）、偏好场内的水景（$OR=1.982$，$p=0.026$）、对场内景观的满意度（$OR=3.887$，$p<0.001$）、对场内步道的满意度（$OR=2.869$，$p<0.001$）、对坐息环境的满意度（$OR=2.102$，$p=0.023$）、室内外空间的便捷性（$OR=4.699$，$p<0.001$）、室内外环境的可视性（$OR=1.728$，$p=0.026$）、室外环境的通透性（$OR=1.892$，$p=0.001$）等变量，与老年人能达到高体能状态步行指标的概率呈正相关。详细数据如表8-3所示。

表8-3 主观场地环境变量二元逻辑回归

自变量	回归系数 B	优势比（OR）	p 值	优势比 95% 信任区间（OR 95% C.I.）		变量度量设置
				下限	上限	
对活动场地的偏好度	1.139	3.169	<0.001	1.793	5.549	1：非常不喜欢；2：不喜欢；3：喜欢；4：非常喜欢
场内活动后的感受	1.784	6.492	<0.001	3.246	12.913	1：差很多；2：差一些；3：好一些；4：好很多（与以前相比较）
偏好场内的动物	2.103	7.899	<0.001	3.646	17.392	0：未选择；1：选择
偏好场内的植物	1.602	4.873	<0.001	2.201	12.073	0：未选择；1：选择
偏好场内的花卉	1.899	7.101	<0.001	2.398	18.892	0：未选择；1：选择
偏好场内的水景	0.674	1.982	0.026	1.079	3.583	0：未选择；1：选择
对场内景观的满意度	1.394	3.887	<0.001	2.277	7.013	1：非常不满意；2：不满意；3：满意；4：非常满意
对场内步道的满意度	1.081	2.869	<0.001	1.939	4.562	1：非常不满意；2：不满意；3：满意；4：非常满意

续表

自变量	回归系数 B	优势比 (OR)	p 值	优势比 95% 信任区间 (OR 95% C.I.)		变量度量设置
				下限	上限	
对坐息环境的满意度	0.689	2.102	0.023	1.088	3.694	1：非常不满意；2：不满意；3：满意；4：非常满意
室内外空间的便捷性	1.547	4.699	<0.001	2.527	8.947	1：困难；2：还行；3：容易
室内外环境的可视性	0.533	1.728	0.026	1.057	2.588	1：差；2：一般；3：好
室外环境的通透性	0.674	1.892	0.001	1.321	2.907	1：差；2：一般；3：好

客观场地环境变量中，大门便捷性（$OR=1.159$，$p<0.001$）、植被生长情况和可视性（$OR=1.514$，$p=0.001$）、植被种类的多样性（$OR=1.379$，$p=0.001$）、植被色彩的多样性（$OR=1.218$，$p=0.008$）、座椅周围有景可赏（$OR=1.319$，$p=0.004$）、座椅有绿植遮挡（$OR=1.316$，$p=0.004$）、场地安静性（$OR=1.241$，$p=0.020$）、免于邻里干扰（$OR=1.273$，$p=0.021$）、休息设施的完备性（$OR=1.225$，$p=0.034$）、休息设施可选择性（$OR=1.337$，$p=0.005$）、休息设施舒适度（$OR=1.312$，$p=0.032$）、休息设施有相关配套（$OR=1.189$，$p=0.008$）、独立吸烟区（$OR=1.309$，$p<0.001$）。SOS总分（$OR=1.112$，$p<0.001$）等变量，与老年人能达到高体能状态步行指标的概率呈正相关，详细数据如表8-4所示。

可移动休息设施（$OR=0.855$，$p=0.023$）、自动门（$OR=0.871$，$p=0.005$）、入口花园（$OR=0.889$，$p=0.004$）等变量，与老年人能达到高体能状态步行指标的概率呈负相关。

根据观测结果，大门便捷性、不同长度的多条道路、道路周边景致、道路两侧的树荫、道路周边的坐息设施、植被种类的多样性、场地有趣景致、SOS总分变量每增加或减少1个单位，高体能步行指标优势比增加，而场地安静性、休息设施可移动性、环形道路指标带来的优势比将减少。

表8-4 客观场地环境变量二元逻辑回归

自变量	回归系数 B	优势比 (OR)	p 值	优势比 95% 信任区间 (OR 95% C.I.)	
				下限	上限
大门便捷性	0.156	1.159	<0.001	1.081	1.267
植被生长情况和可视性	0.409	1.514	0.001	1.169	1.931
植被种类的多样性	0.331	1.379	0.001	1.134	1.673
植被色彩的多样性	0.207	1.218	0.008	1.056	1.428
座椅周围有景可赏	0.288	1.319	0.004	1.087	1.624
座椅有绿植遮挡	0.269	1.316	0.004	1.086	1.593
场地安静性	0.214	1.241	0.020	1.033	1.475
免于邻里干扰	0.240	1.273	0.021	1.032	1.549
休息设施的完备性	0.203	1.225	0.034	1.015	1.477
休息设施可选择性	0.293	1.337	0.005	1.083	1.629
可移动休息设施	−0.138	0.855	0.023	0.762	0.992
休息设施舒适度	0.271	1.312	0.032	1.031	1.639
休息设施有相关配套	0.163	1.189	0.008	1.041	1.329
独立吸烟区	0.206	1.309	<0.001	1.103	1.490
不同长度的多条道路	0.179	1.203	0.001	1.069	1.354
环状道路	0.277	1.319	0.001	1.118	1.458
道路周边景致	0.313	1.358	<0.001	1.137	1.582
道路两侧的树荫	0.218	1.251	0.011	1.156	1.581
道路周边的休息设施	0.193	1.219	0.001	1.087	1.369
场地有趣景致	0.247	1.277	0.001	1.110	1.502
社会活动场地	0.118	1.182	0.010	1.027	1.238
自动门	−0.139	0.871	0.005	0.792	0.981
入口花园	−0.140	0.889	0.004	0.801	0.972
周边的人群活动	0.114	1.123	0.012	1.033	1.256
SOS 总分	0.013	1.112	<0.001	1.059	1.021

4. 场外环境变量

主观场外环境变量中，场外步行的偏好度（$OR=5.593$，$p<0.001$）、步行后的感受（$OR=6.712$，$p<0.001$）变量与老年人能达到高体能步行指标的概率

呈正相关。

在场外设施维度中,感知到便利店或杂货店($OR=25.018$,$p<0.001$)、市场($OR=5.902$,$p<0.001$)、餐厅($OR=15.327$,$p<0.001$)、公共空间($OR=2.147$,$p=0.027$)、医疗服务中心($OR=22.763$,$p<0.001$)、用地混合度($OR=1.801$,$p<0.001$)等变量,与老年人能达到高体能状态步行指标的概率呈正相关。

在步行的适宜性维度中,道路连接度($OR=3.278$,$p<0.001$)、道路两侧的树荫($OR=3.392$,$p<0.001$)、道路周边景致($OR=3.673$,$p<0.001$)等变量,与老年人能达到高体能状态步行指标的概率呈正相关。

在人行道维护状态维度中,人行道覆盖率($OR=4.793$,$p<0.001$)、人行道维护($OR=5.899$,$p<0.001$)、人行道的独立性($OR=2.918$,$p<0.001$)等变量,与老年人能达到高体能状态步行指标的概率呈正相关。

在场外步行的安全性中,人行横道($OR=2.103$,$p<0.001$)、夜间照明($OR=1.876$,$p<0.001$)等变量,与老年人能达到高体能状态步行指标的概率呈正相关,而步行障碍性($OR=0.309$,$p<0.001$)、交通流量($OR=0.306$,$p<0.001$)、空气质量($OR=0.247$,$p<0.001$)等变量,与老年人能达到高体能状态步行指标的概率呈负相关,详细变量比值如表8-5所示。

表8-5 主观场外环境变量二元逻辑回归

自变量	回归系数 B	优势比(OR)	p 值	优势比 95% 信任区间(OR 95% C.I.)		变量度量设置
				下限	上限	
对步行的偏好度	1.716	5.593	<0.001	3.714	8.418	1:非常不喜欢;2:不喜欢;3:喜欢;4:非常喜欢
步行后的感受	1.901	6.712	<0.001	4.073	9.967	1:差很多;2:差一些;3:好一些;4:好很多(与以前相比较)
便利店、杂货店	3.217	25.018	<0.001	11.365	48.327	0:未选择;1:选择
市场	1.786	5.902	<0.001	3.115	11.219	0:未选择;1:选择
餐厅	2.767	15.327	<0.001	7.551	31.265	0:未选择;1:选择
公共空间	0.759	2.147	0.027	1.049	4.410	0:未选择;1:选择
医疗服务中心	3.099	22.763	<0.001	10.578	47.312	0:未选择;1:选择

续表

自变量	回归系数 B	优势比（OR）	p 值	优势比 95% 信任区间（OR 95% C.I.）		变量度量设置
				下限	上限	
用地混合度	0.579	1.801	<0.001	1.557	2.103	加权计算
道路连接度	1.215	3.278	<0.001	2.319	4.512	
道路两侧的树荫	1.247	3.392	<0.001	2.497	4.732	
道路周边景致	1.312	3.673	<0.001	2.673	5.002	
人行道覆盖率	1.569	4.793	<0.001	3.102	7.318	
人行道维护	1.780	5.899	<0.001	3.762	9.116	1：非常不满意；2：不满意；3：满意；4：非常满意
人行道的独立性	1.077	2.918	<0.001	1.945	4.132	
步行障碍性	−1.147	0.309	<0.001	0.219	0.427	
交通流量	−1.179	0.306	<0.001	0.233	0.426	
人行横道	0.727	2.103	<0.001	1.582	2.716	
空气质量	−1.499	0.247	<0.001	0.115	0.427	
夜间照明	0.624	1.876	<0.001	1.362	2.547	

而场外步行后的感受、公园或其他公共空间、用地混合度、道路连接度、人行道维护状态、步行障碍性、人行横道、空气质量变量的优势比减小，说明在不考虑其他因素的情况下，该类自变量每发生1个单位的变化，所引起的高体能步行指标优势比的改变值较小。

客观场外环境变量中，总占地面积（OR=1.028，p=0.012）、商业用地比例（OR=1.028，p<0.001）、道路交叉口数量（OR=1.039，p=0.012）等变量，与老年人能达到高体能状态步行指标的概率呈正相关。

在基地步行的安全性维度中，高速路（OR=0.211，p=0.008）、快速公路比例（OR=0.962，p<0.001）变量与老年人能达到高体能状态步行指标的概率呈负相关。

在场外设施维度中，公交站点数量（OR=1.069，p=0.028）、便利店数量（OR=2.127，p=0.001）、市场数量（OR=1.621，p=0.027）、餐厅最短距离（OR=1.272，p=0.027）、餐厅数量（OR=1.059，p<0.001）、医疗服务中心最短距离（OR=1.476，p=0.002）、设施种类（OR=1.250，p<0.001）、设施数量

（OR=1.031，p<0.001）变量，与老年人能达到高体能状态步行指标的概率呈正相关，而公园数量（OR=0.529，p=0.034）与老年人能达到高体能状态步行指标的概率呈负相关，详细变量比值如表8-6所示。

表8-6 客观场外环境变量二元逻辑回归

自变量	回归系数 B	优势比（OR）	p 值	优势比 95% 信任区间（OR 95% C.I.）	
				下限	上限
总占地面积	0.027	1.028	0.012	1.006	1.039
商业用地比例	0.029	1.028	<0.001	1.015	1.048
有高速路	-1.499	0.211	0.008	0.059	0.682
道路交叉口数量	0.037	1.039	0.012	1.011	1.082
快速公路比例	-0.019	0.962	<0.001	0.968	0.990
公交站点数量	0.069	1.069	0.028	1.059	1.147
便利店数量	0.711	2.127	0.001	1.349	3.051
市场数量	0.482	1.621	0.027	1.054	2.472
餐厅最短距离	0.227	1.272	0.027	1.023	1.567
餐厅数量	0.648	1.059	<0.001	1.028	1.113
公园数量	-0.633	0.529	0.034	0.294	0.956
医疗服务中心最短距离	0.391	1.476	0.002	1.156	1.887
设施种类	0.223	1.250	<0.001	1.112	1.413
设施数量	0.037	1.031	<0.001	1.032	1.072

注：自变量基于 Arc GIS 软件空间统计300米缓冲区数据。

而快速公路比例变量的优势比较小，说明在不考虑其他因素的情况下，该类自变量每发生1个单位的变化，所引起的高体能步行指标优势比的改变值较小。

二、高体能老年人健康行为空间要素关联度的多因素逻辑回归模型

1. 主观环境模型

在主观环境模型中，当控制了基础模型信息变量，模型总体具有统计学意义（Sig.<0.001）。

以自理型养老机构为例，老年人能达到高体能步行指标的优势比增加了

11.313倍（OR=12.313，p<0.001）。对于性别变量，其统计学意义仅存在于二元逻辑回归分析中，而在多元逻辑回归中的统计学意义并不显著（OR=1.599，p=0.358）。对于年龄变量，每增加1岁，达到高体能步行指标的优势比仅是原来的79.3%（OR=0.793，p<0.001）。BMI指数变量与性别变量相似，其统计学意义仅存在于二元逻辑回归分析中，而在多元逻辑回归中的统计学意义并不显著（OR=0.731，p=0.058）。

摔倒情况变量的统计学意义仅存在于二元逻辑回归分析中，而在多元逻辑回归中的统计学意义并不显著（OR=0.304，p=0.158）。

社会环境变量中，室内体力活动变量每增加1个单位，老年人能达到高体能步行指标的优势比减少了43.6%（OR=0.564，p=0.004）。室外活动变量每增加1个单位，老年人能达到高体能步行指标的优势比增加了27.3%（OR=1.273，p=0.039）。

对于主观场内环境变量，偏好场地内动物的老年人，其能达到高体能步行指标的优势比增加了9.294倍（OR=10.294，p<0.001）。对场内步道的满意度每增加1个单位，其能达到高体能步行指标的优势比增加了1.573倍（OR=2.573，p=0.005）。

对于主观场外环境，感知到公共空间在养老机构周边可步行范围内的老年人，其能达到高体能步行指标的优势比增加了6.473倍（OR=7.473，p=0.010）。

根据表8-7的观测结果，64.4%的变异比可以被该模型所解释（Nagelkerke R^2=0.644），且拟合度较好（Sig=0.788）。详细数据见表8-7。

表8-7 主观环境模型

自变量	回归系数 B	优势比（OR）	p值	优势比 95% 信任区间（OR 95% C.I.）		变量度量设置
				下限	上限	
基础模型						
照料模式	2.503	12.313	<0.001	3.403	42.872	0：介助型；1：自理型
性别	0.463	1.599	0.358	0.567	4.378	0：女性；1：男性
年龄	-0.219	0.793	<0.001	0.710	0.909	
BMI 指数	-0.358	0.731	0.058	0.469	1.018	
摔倒情况	-1.901	0.304	0.158	0.054	1.632	0：无；1：有

续表

自变量	回归系数 B	优势比（OR）	p 值	优势比 95% 信任区间（OR 95% C.I.）		变量度量设置
				下限	上限	
成长环境						
室内体力活动	−0.548	0.564	0.004	0.389	0.827	
总室外活动	0.261	1.273	0.039	1.011	1.702	
主观场地环境						
偏好场内的动物	2.397	10.294	<0.001	3.427	31.332	0：未选择；1：选择
对场内步道的满意度	1.017	2.573	0.005	1.372	5.806	1：非常不满意；2：不满意；3：满意；4：非常满意
主观基地环境						
公园、其他公共空间	2.013	7.473	0.010	1.627	33.273	0：未选择；1：选择
模型 Sig.	−2 对数似然比		Sig.	Cox 和 Snell R^2		Nagelkerke R^2
<0.001	128.47		0.788	0.327		0.644

2. 客观环境模型

在客观环境模型中，当控制了基础模型中信息变量，模型总体具有统计学意义（Sig.<0.001）。

以自理型养老机构为例，老年人能达到高体能步行指标的优势比增加了 9.234 倍（OR=10.234，p<0.001）。对于性别变量，其统计学意义仅存在于二元逻辑回归分析中，而在多元逻辑回归中，其统计学意义并不显著（OR=1.689，p=0.167）。对于年龄变量，每增加1岁，能达到高体能步行指标的优势比仅是原来的68.2%（OR=0.682，p<0.001）。而BMI指数变量，每增加1个单位，能达到高体能步行指标的优势比仅是原来的 63.3%（OR=0.633，p=0.006）。摔倒情况的老年人，能达到高体能步行指标的优势比仅是原来的 17.2%（OR=0.172，p=0.027）。

在社会环境变量中，室内体力活动变量每增加1个单位，老年人能达到高体能步行指标的优势比减少了26.3%（OR=0.737，p=0.019）。室外活动变量每增加1个单位，其能达到高体能步行指标的优势比增加了 27.9%（OR=1.313，p=0.003）。

环状道路的客观感知度每增加1个单位，能达到高体能步行指标的优势比增加了21.3%（OR=1.213，p=0.034）。

根据表8-8的观测结果，46.2%的变异比可以被该模型所解释（Nagelkerke R^2=0.462），但拟合度一般（Sig=0.384）。

表8-8 客观环境模型

自变量	回归系数 B	优势比（OR）	p 值	优势比 95% 信任区间（OR 95% C.I.）		变量度量设置
				下限	上限	
基础模型						
机构模式	2.416	10.234	<0.001	3.577	32.140	0：介助型；1：自理型
性别	0.571	1.689	0.167	0.712	4.013	
年龄	−0.273	0.682	<0.001	0.672	0.851	0：女性；1：男性
BMI 指数	−0.417	0.633	0.006	0.466	0.883	
摔倒情况	−1.712	0.172	0.027	0.037	0.821	0：无；1：有
成长环境						
室内体力活动	−0.330	0.737	0.019	0.512	0.931	
总室外活动	0.273	1.279	0.003	1.092	1.511	
客观场地环境						
环状道路	0.203	1.213	0.034	1.013	1.372	0：无此环境；1：完全不满足使用；10：完全满足使用；
模型 Sig.	−2 对数似然比		Sig.		Cox 和 Snell R^2	Nagelkerke R^2
<0.001	186.372		0.384		0.239	0.462

3. 主观和客观环境组合模型

在组合模型中，当控制了基础模型信息变量，模型总体上具有统计学意义（Sig.<0.001）。

以自理型养老机构为例，老年人能达到高体能步行指标的优势比增加了12.372 倍（OR=13.372，p<0.001）。对于性别变量，其统计学意义仅存在于二元逻辑回归分析中，而在多元逻辑回归中的统计学意义有所下降（OR=1.729，p=0.318）。对于年龄变量，每增加1岁，其能达到高体能步行指标的优势比仅是原来的74.2%。而对于BMI指数变量，每增加1个单位，其能达到高体能步

行指标的优势比是原来的62.9%（$OR=0.629$，$p=0.031$）。对于摔倒情况变量，其统计学意义仅存在于二元逻辑回归分析中，而在多元逻辑回归中，其统计学意义有所下降（$OR=0.442$，$p=0.368$）。

在社会环境变量中，室内体力活动变量在二元逻辑回归中具有统计学意义，而在多元逻辑回归中，优势比OR为0.733。总室外活动变量在各个模型中已不再具备统计学意义，故排除。

在主观场地环境变量中，偏好场内的动物的老年人，其能达到高体能步行指标的优势比增加了13.392倍（$OR=14.492$，$p<0.001$）。

总体而言，模型能解释65.7%的变异比，即65.7%的数据被模型的自变量解释（Nagelkerke $R^2=0.657$），模型的拟合度较好（Hosmer和Lemeshow检验Sig.= 0.893），详细信息如表8-9所示。

表8-9 主观和客观环境组合模型

自变量	回归系数 B	优势比（OR）	p 值	优势比 95% 信任区间（OR 95% C.I.）		变量度量设置
				下限	上限	
基础模型						
机构照料模式	2.689	13.372	<0.001	3.382	62.733	0：介助型；1：自理型
性别	0.533	1.729	0.318	0.573	5.133	0：女性；1：男性
年龄	−0.268	0.742	<0.001	0.671	0.882	
BMI 指数	−0.459	0.629	0.031	0.404	0.951	
摔倒情况	−0.789	0.442	0.368	0.073	2.591	0：无；1：有
成长环境						
室内体力活动	−0.239	0.733	0.231	0.519	1.170	
主观场地环境						
偏好场内的动物	2.811	14.492	<0.001	4.277	60.823	0：未选择；1：选择
对场内步道的满意度	0.796	2.302	0.048	1.002	5.029	1：非常不满意；2：不满意；3：满意；4：非常满意
客观场地环境						
环状道路	0.365	1.433	0.012	1.072	1.928	0：无此环境；1：完全不满足使用；10：完全满足使用
主观基地环境						

续表

自变量	回归系数 B	优势比 (OR)	p 值	优势比 95% 信任区间 (OR 95% C.I.)		变量度量设置
				下限	上限	
公共空间	2.783	15.998	0.004	2.433	102.910	0：未选择；1：选择
客观基地环境						
公交站点数量	0.187	1.206	0.011	1.044	1.392	
模型 Sig.	−2 对数似然比		Sig.	Cox 和 Snell R^2		Nagelkerke R^2
<0.001	20.881		0.893	0.349		0.657

三种模型的比较结果如表8–10所示。由表中数据可知，组合模型相比主观环境模型卡方提升了9.233，且自由度为2，Sig=0.010，结果具有可信度；组合模型相比客观环境模型卡方值提升了58.362，且自由度为6，Sig<0.001，结果具有可信度。因此，与主观模型和客观模型相比，组合模型对数据具有更高的解释度，且差异严格遵循卡方分布。

表8–10 组合模型与主观环境/客观环境模型对比

	对比主观环境模型	对比客观环境模型
卡方提升值 χ^2	9.233	58.362
自由度（df）	2	6
Sig.	0.010	<0.001

第二节 一般体能老年人健康行为空间要素关联度分析

一、一般体能老年人健康行为空间要素关联度的单因素分析

1. 个体信息变量

照料模式、性别、宠物拥有、成长环境、健康自评价、活动量比较等自变量与老年人达到一般体能步行指标的概率呈正相关。性价比、年龄、BMI指数、居住时间、日常生活照料、活动辅助设施、摔倒情况等自变量与老年

人达到一般体能步行指标的概率呈负相关，详细数据如表8-11所示。

表8-11 个体信息变量二元逻辑回归

自变量	回归系数 B	优势比 (OR)	p 值	优势比 95% 信任区间 (OR 95% C.I.)		变量度量设置
				下限	上限	
照料模式	0.482	1.631	0.037	1.024	2.477	0：介助型；1：自理型
性价比	−0.003	0.989	<0.001	0.988	0.988	
性别	0.962	2.631	<0.001	1.633	4.241	0：女性；1：男性
年龄	−0.131	0.801	0.001	0.827	0.918	
BMI 指数	−0.567	0.546	<0.001	0.476	0.673	
居住时间	−0.038	0.961	<0.001	0.931	0.944	
宠物拥有	1.572	4.901	0.001	1.965	11.832	0：无；1：有
成长环境	1.096	2.989	<0.001	1.920	4.553	0：农村；1：城市
健康自评价	1.044	2.792	<0.001	2.017	4.152	1：一直不好；2：健康状况有起伏；3：一直很好
日常生活照料	−2.673	0.063	0.049	0.013	0.446	0：自理；1：介助
活动辅助设施	−2.076	0.129	<0.001	0.125	0.195	0：无；1：拐杖；2：步行器；3：轮椅
摔倒情况	−2.712	0.067	<0.001	0.023	0.178	0：无；1：有
活动量比较	2.199	9.292	<0.001	5.642	13.241	1：比一般老年人少；2：与一般老年人相同；3：比一般老年人多

2. 社会环境变量

在社会环境变量中，医生建议、老年人数量、对老年人场内活动的担忧度、对老年人场外活动的态度、对老年人场外活动的政策等自变量与老年人达到一般体能步行指标的概率呈正相关。

在机构活动日志中，交通工具活动、室外活动数、室外活动比例等自变量与老年人达到一般体能步行指标的概率呈正相关。而总活动数、室内活动数、总室内非体力活动数与老年人达到一般体能步行指标的概率呈负相关，详细数据见表8-12。

表8-12 社会环境变量二元逻辑回归

自变量	回归系数 B	优势比 (OR)	p 值	优势比 95% 信任区间 (OR 95% C.I.)		变量度量设置
				下限	上限	
医生建议	2.592	13.472	<0.001	8.392	23.913	0：无；1：有
老年人数量	0.002	1.019	0.036	1.000	1.003	
对老年人场内活动的担忧度	0.763	2.138	0.027	1.079	4.248	1：非常担忧；2：偶尔担忧；3：完全不担忧
对老年人场外活动的态度	0.620	1.849	<0.001	1.331	2.602	1：不好；2：不太好；3：比较好；4：好
对老年人场外活动的政策	0.631	1.732	0.004	1.218	2.672	0：不能；1：同意后能；2：可以自由外出；3：鼓励到场外活动
总活动数	−0.046	0.963	0.030	0.914	0.982	
交通工具活动数	0.164	1.172	0.018	1.025	1.347	
室内活动数	−0.139	0.862	0.025	0.752	0.982	
室外活动数	0.122	1.128	0.017	1.021	1.249	
室外活动比例	0.067	1.058	0.002	1.021	1.110	
总室内非体力活动数	−0.048	0.957	0.020	0.920	0.989	

3. 场地环境变量

在主观场地环境变量中，对活动场地的偏好度、场地活动后的感受、偏好场内的动物、偏好场内的植物、偏好场内的花卉、对场内景观的满意度、对场内步道的满意度、对坐息环境的满意度、室内外空间的便捷性、室内外环境的可视性、室外环境的通透性等自变量与老年人达到一般体能步行指标的概率呈正相关，详细数据如表8-13所示。

表8-13 主观场地环境变量二元逻辑回归

自变量	回归系数 B	优势比 (OR)	p 值	优势比 95% 信任区间 (OR 95% C.I.)		变量度量设置
				下限	上限	
对活动场地的偏好度	1.239	3.459	<0.001	3.458	5.009	1：非常不喜欢；2：不喜欢；3：喜欢；4：非常喜欢

续表

自变量	回归系数 B	优势比（OR）	p 值	优势比 95% 信任区间（OR 95% C.I.）		变量度量设置
				下限	上限	
场内活动后的感受	2.073	7.899	<0.001	4.049	13.729	1：差很多；2：差一些；3：好一些；4：好很多（与以前相比较）
偏好场内的动物	1.182	3.301	<0.001	2.059	5.069	0：未选择；1：选择
偏好场内的植物	0.721	2.029	0.003	1.281	3.230	0：未选择；1：选择
偏好场内的花卉	1.157	3.199	<0.001	3.211	5.452	0：未选择；1：选择
对场内景观的满意度	0.981	2.650	<0.001	1.901	3.649	1：非常不满意；2：不满意；3：满意；4：非常满意
对场内步道的满意度	1.047	2.887	<0.001	2.189	3.792	1：非常不满意；2：不满意；3：满意；4：非常满意
对坐息环境的满意度	0.539	1.720	0.014	1.114	2.658	1：非常不满意；2：不满意；3：满意；4：非常满意
室内外空间的便捷性	1.601	4.940	<0.001	3.249	7.501	1：困难；2：还行；3：容易
室内外环境的可视性	0.389	1.487	0.016	1.080	2.051	1：差；2：一般；3：好
室外环境的通透性	0.411	1.511	0.005	1.134	1.999	1：差；2：一般；3：好

客观场地环境变量中，大门便捷性、植被种类的多样性、场地安静性、场地维护良好、不同长度的多条道路、环状道路、道路周边景致、道路两侧的树荫、道路周边的休息设施、场地有趣景致、SOS总分等自变量与老年人达到一般体能步行指标的概率呈正相关，而可移动休息设施变量与老年人达到一般体能步行指标的概率呈负相关，详细数据如表8-14所示。

表8-14　客观场地环境变量二元逻辑回归

自变量	回归系数 B	优势比（OR）	p 值	优势比 95% 信任区间（OR 95% C.I.）	
				下限	上限
大门便捷性	0.979	1.102	0.002	1.036	1.168

续表

自变量	回归系数 B	优势比 (OR)	p 值	优势比 95% 信任区间 (OR 95% C.I.)	
				下限	上限
植被种类的多样性	0.142	1.147	0.027	1.014	1.320
场地安静性	0.120	1.207	0.004	1.064	1.392
可移动休息设施	0.147	0.893	0.028	0.821	0.098
场地维护良好	0.158	1.168	0.019	1.024	1.357
不同长度的多条道路	0.081	1.083	0.024	1.009	1.172
环状道路	0.139	1.138	0.001	1.049	1.244
道路周边景致	0.134	1.141	0.006	1.037	1.256
道路两侧的树荫	0.098	1.106	0.045	1.001	1.226
道路周边的休息设施	0.110	1.115	0.005	1.029	1.192
场地有趣景致	0.089	1.089	0.012	1.019	1.181
SOS 总分	0.006	1.059	0.006	1.009	1.012

4. 场外环境变量

在主观场外环境变量中，对其步行的偏好度、步行后的感受自变量与老年人达到一般体能步行指标的概率呈正相关。对于设施维度，感知到便利店或杂货店、市场、公共空间、医疗服务中心、用地混合度等自变量与老年人达到一般体能步行指标的概率呈正相关。

在步行的适宜性维度中，道路连接度、道路两侧的树荫、道路周边景致等自变量与老年人达到一般体能步行指标的概率呈正相关。

在人行道维护状态维度中，人行道覆盖率、人行道维护、人行道的独立性等自变量与老年人达到一般体能步行指标的概率呈正相关。

在基地步行的安全性维度中，人行横道、夜间照明等自变量与老年人达到一般体能步行指标的概率呈正相关，而步行障碍性、交通流量、空气质量自变量与老年人达到一般体能步行指标的概率呈负相关，详细数据如表8-15所示。

表8-15 主观场外环境变量二元逻辑回归

自变量	回归系数 B	优势比 (OR)	p 值	优势比 95% 信任区间 (OR 95% C.I.) 下限	优势比 95% 信任区间 (OR 95% C.I.) 上限	变量度量设置
对步行的偏好度	1.492	4.699	<0.001	3.501	6.472	1：非常不喜欢；2：不喜欢；3：喜欢；4：非常喜欢
步行后的感受	1.999	7.401	<0.001	4.891	10.127	1：差很多；2：差一些；3：好一些；4：好很多（与以前相比较）
便利店、杂货店	2.792	16.092	<0.001	9.130	31.296	0：未选择；1：选择
市场	1.531	4.681	<0.001	2.711	8.084	0：未选择；1：选择
公共空间	0.782	2.214	0.005	1.256	3.912	0：未选择；1：选择
医疗服务中心	3.162	20.392	<0.001	10.158	53.392	0：未选择；1：选择
用地混合度	0.578	1.788	<0.001	1.577	2.052	将所有可感知设施种类加权计算
道路连接度	1.281	3.496	<0.001	2.687	4.758	1：非常不满意；2：不满意；3：满意；4：非常满意
道路两侧的树荫	0.920	2.514	<0.001	2.024	3.130	1：非常不满意；2：不满意；3：满意；4：非常满意
道路周边景致	1.289	3.650	<0.001	2.851	4.629	1：非常不满意；2：不满意；3：满意；4：非常满意
人行道覆盖率	1.331	3.759	<0.001	2.831	4.959	1：非常不满意；2：不满意；3：满意；4：非常满意
人行道维护	1.496	4.479	<0.001	3.302	6.062	1：非常不满意；2：不满意；3：满意；4：非常满意
人行道的独立性	0.830	2.301	<0.001	1.782	2.938	1：非常不满意；2：不满意；3：满意；4：非常满意
步行障碍性	-0.961	0.379	<0.001	0.310	0.478	1：非常不满意；2：不满意；3：满意；4：非常满意
交通流量	-1.231	0.291	<0.001	0.227	0.382	1：非常不满意；2：不满意；3：满意；4：非常满意
人行横道	0.889	2.440	<0.001	1.907	3.098	1：非常不满意；2：不满意；3：满意；4：非常满意
空气质量	-1.162	0.311	<0.001	0.209	0.447	1：非常不满意；2：不满意；3：满意；4：非常满意
夜间照明	0.519	1.667	<0.001	1.319	2.138	1：非常不满意；2：不满意；3：满意；4：非常满意

在客观基地环境变量中的基地步行的适宜性维度中，总占地面积、商业用地比例、道路交叉口数量等自变量与老年人达到一般体能步行指标的概率呈正相关，而道路线密度自变量与老年人达到一般体能步行指标的概率呈负相关。

在基地步行的安全性维度中，慢速公路线密度自变量与老年人达到一般体能步行指标的概率呈正相关，而快速公路比例自变量与老年人达到一般体能步行指标的概率呈负相关。

在基地设施维度中，公交站点数量、餐厅数量、医疗服务中心、设施种类、设施数量等自变量与老年人达到一般体能步行指标的概率呈正相关，而图书馆数量自变量与老年人达到一般体能步行指标的概率呈负相关，详细数据如表8-16所示。

表8-16 客观场外环境变量二元逻辑回归

自变量	回归系数 B	优势比（OR）	p 值	优势比95%信任区间（OR 95% C.I.）	
				下限	上限
总占地面积	0.021	1.021	0.031	1.001	1.038
商业用地比例	0.014	1.014	0.019	1.001	1.027
道路交叉口数量	0.026	1.027	0.018	1.004	1.058
快速公路比例	−0.013	0.988	<0.001	0.962	0.989
慢速公路线密度	0.015	1.014	0.008	1.003	1.031
公交站点数量	0.055	1.049	0.029	1.006	1.118
图书馆数量	−0.839	0.429	0.045	0.188	0.991
餐厅数量	0.036	1.037	0.003	1.013	1.072
医院最短距离	0.179	1.211	0.007	1.049	1.410
设施种类	0.080	1.081	0.044	1.001	1.171
设施数量	0.021	1.019	<0.001	1.009	1.041

注：自变量基于Arc GIS软件空间统计300米缓冲区数据。

二、一般体能老年人健康行为空间要素关联度的多因素逻辑回归模型

1. 主观环境模型

在主观环境模型中，当控制了基础模型中的个体信息变量，模型总体具有统计学意义（Sig.<0.001）。

以自理型养老机构为例，达到一般体能步行指标的优势比增加了1.173倍（OR=2.173，p=0.047）。性别变量的统计学意义仅存在于二元逻辑回归分析中，而在多元逻辑回归分析中并不显著（OR=1.881，p=0.113）。对于年龄变量，每增加1岁，达到一般体能步行指标的优势比仅是原来的92.1%（OR=0.921，p=0.040）。对于BMI指数变量，每增加1个单位，达到一般体能步行指标的优势比仅是原来的65.1%（OR=0.651，p=0.004）。生活环境变量中，在城市生活

的老年人达到一般体能步行指标的优势比较其他环境中的老年人增加了1.282倍（$OR=2.282$，$p=0.021$）。对于摔倒情况变量，达到一般体能步行指标的优势比仅是原来的19.6%（$OR=0.196$，$p=0.006$）。

对于社会环境变量，被建议外出步行活动情况达到一般体能步行指标的优势比增加了5.118倍（$OR=6.118$，$p<0.001$）。机构对老年人场外活动的态度变量每增加1个单位，达到一般体能活动步行指标的优势比增加了76.2%（$OR=1.762$，$p=0.027$）。

主观场内环境变量中，对活动场地的偏好度变量每增加1个单位，达到一般体能活动步行指标的优势比增加了2.114倍（$OR=3.114$，$p=0.001$）。偏好场内动物的老年人，达到一般体能活动步行指标的优势比增加了1.492倍（$OR=2.492$，$p=0.011$）。

主观基地环境变量中，便利店或杂货店、公园或其他公共空间、道路连接度等变量与老年人达到一般体能步行指标的概率呈正相关。

感知到便利店在养老机构周边可步行范围内的老年人，达到一般体能活动步行指标的优势比增加了1.572倍（$OR=2.572$，$p=0.042$）。感知到公共空间在养老机构周边可步行范围内的老年人，达到一般体能步行指标的优势比增加了2.092倍（$OR=3.092$，$p=0.044$）。对道路连接度的感知评价每增加1个单位，达到一般体能步行指标的优势比增加了1.047倍（$OR=2.047$，$p=0.001$）。

根据表8-17的观测结果，62.3%的变异比可以被该模型所解释（Nagelkerke $R^2 = 0.623$），且拟合度较好（Sig.=0.318）。

表8-17 主观环境模型

自变量	回归系数 B	优势比（OR）	p值	优势比 95% 信任区间（OR 95% C.I.）		变量度量设置
				下限	上限	
基础模型						
照料模式	0.783	2.173	0.047	1.002	4.793	0：介助型；1：自理型
性别	0.629	1.881	0.113	0.858	4.062	0：女性；1：男性
年龄	-0.072	0.921	0.040	0.855	0.969	
BMI 指数	-0.345	0.651	0.004	0.521	0.891	
成长环境	0.820	2.282	0.021	1.130	4.588	0：农村；1：城市

续表

自变量	回归系数 B	优势比 (OR)	p 值	优势比 95% 信任区间 (OR 95% C.I.)		变量度量设置
				下限	上限	
摔倒情况	-1.583	0.196	0.006	0.064	0.651	0：无；1：有
医生建议	1.799	6.118	<0.001	2.979	11.989	0：无；1：有
对老年人场外活动的态度	0.625	1.762	0.027	1.047	3.320	1：不好；2：不太好；3：比较好；4：好
主观场地环境						
对活动场地的偏好度	1.110	3.114	0.001	1.621	5.640	1：非常不喜欢；2：不喜欢；3：喜欢；4：非常喜欢
偏好场内的动物	0.951	2.492	0.011	1.239	5.310	0：未选择；1：选择
主观基地内环境						
便利店	0.979	2.572	0.042	1.009	6.994	0：未选择；1：选择
公共空间	1.131	3.092	0.044	1.037	9.286	0：未选择；1：选择
道路连接度	0.719	2.047	0.001	1.354	3.112	1：非常不满意；2：不满意；3：满意；4：非常满意
模型 Sig.	-2 对数似然比		Sig.	Cox 和 Snell R^2		Nagelkerke R^2
<0.001	227.051		0.318	0.436		0.623

2. 客观环境模型

在客观环境模型中，当控制了基础模型中的信息变量，模型总体具有统计学意义（Sig.<0.001）。

照料模式、性别变量的统计学意义仅存在于二元逻辑回归分析中，而在多元逻辑回归中，其统计学意义并不显著。

对于年龄变量，每增加1岁，达到一般体能步行指标的优势比仅是原来的79.3%。对于BMI指数变量，每增加1个单位，能达到一般体能步行指标的优势比仅是原来的51.8%（$OR=0.518$，$p<0.001$）。

一般社会环境变量，被建议外出步行活动变量达到一般体能步行指标的优势比增加了8.913倍（$OR=9.913$，$p<0.001$）。对老年人基地活动的态度变量每增加1个单位，达到一般体能步行指标的优势比增加了79.3%（$OR=1.793$，$p=0.031$）。

客观场地环境变量中，可移动休息设施的感知度每增加1个单位，达到一般体能步行指标的优势比仅是原来的84.4%（OR=0.844，p=0.023）。道路周边景致的感知度每增加1个单位，达到一般体能步行指标的优势比增加了18.3%（OR=1.183，p=0.005）。

客观基地环境中，基地周边慢速公路线密度的统计学意义仅存在二元逻辑回归分析中（OR=1.014，p=0.008）。

根据表8-18的观测结果，58.3%的变异比可以被该模型解释（Nagelkerke R^2=0.583），但拟合度一般（Sig.= 0.048）。

表8-18 客观环境模型

自变量	回归系数 B	优势比（OR）	p 值	优势比 95% 信任区间（OR 95% C.I.）		变量度量设置
				下限	上限	
基础模型						
照料模式	0.489	1.629	0.238	0.709	3.736	0：介助型；1：自理型
性别	0.573	1.742	0.109	0.877	3.582	0：女性；1：男性
年龄	−0.152	0.793	< 0.001	0.792	0.902	
BMI 指数	−0.620	0.518	< 0.001	0.409	0.688	
成长环境	0.921	2.501	0.006	1.292	4.841	0：农村；1：城市
摔倒情况	−2.259	0.102	< 0.001	0.032	0.329	0：无；1：有
社会环境						
医生建议	2.301	9.913	< 0.001	5.041	19.382	0：无；1：有
对老年人基地活动的态度	0.589	1.793	0.031	1.050	19.382	1：不好；2：不太好；3：比较好；4：好
客观场地环境						
可移动休息设施	−0.161	0.844	0.023	0.742	0.983	0：无此环境；1：完全不满足使用；10：完全满足使用
道路周边景致	0.230	1.183	0.005	1.069	1.458	0：无此环境；1：完全不满足使用；10：完全满足使用
客观基地环境						
慢速公路线密度	0.016	1.016	0.072	0.992	1.033	基于 ArcGIS 软件空间统计 300 米缓冲区数据

续表

自变量	回归系数 B	优势比 (OR)	p 值	优势比 95% 信任区间 (OR 95% C.I.)		变量度量设置
				下限	上限	
模型 Sig.	-2 对数似然比		Sig.	Cox 和 Snell R^2	Nagelkerke R^2	
<0.001	257.38		0.048	0.421	0.583	

3. 主观和客观环境组合模型

在组合模型中，当控制了基础模型中的信息变量，模型总体具有统计学意义（Sig.<0.001），详细数据如表8-19所示。

表8-19 主观和客观环境组合模型

自变量	回归系数 B	优势比 (OR)	p 值	优势比 95% 信任区间 (OR 95% C.I.)		变量度量设置
				下限	上限	
基础模型						
照料模式	1.168	3.331	0.002	1.517	6.741	0：介助型；1：自理型
性别	0.591	1.792	0.127	0.831	3.912	0：女性；1：男性；
年龄	-0.109	0.889	0.006	0.840	0.963	
BMI 指数	-0.476	0.621	0.001	0.455	0.872	
成长环境	9.410	2.558	0.010	1.246	5.249	0：农村；1：城市
摔倒情况	-1.609	0.201	0.008	0.061	0.659	0：无；1：有
社会环境						
医生建议	1.958	7.123	<0.001	3.371	13.472	0：无；1：有
主观场地环境						
对活动场地的偏好度	1.039	2.839	0.001	1.501	5.502	1：非常不喜欢；2：不喜欢；3：喜欢；4：非常喜欢
偏好场内的动物	1.078	2.933	0.006	1.347	6.269	
客观场地环境						
道路周边景致	0.110	1.113	0.113	0.966	1.283	0：无此项环境；1：完全不满足使用；10：完全满足使用
主观基地环境						
便利店、杂货店	0.847	2.349	0.082	0.869	6.273	0：没选择；1：选择

续表

自变量	回归系数 B	优势比 (OR)	p 值	优势比 95% 信任区间 (OR 95% C.I.)		变量度量设置
				下限	上限	
公共空间	1.876	6.372	0.002	2.021	18.372	0：未选择；1：选择
道路连接度	0.542	1.688	0.012	1.125	2.610	1：非常不满意；2：不满意；3：满意；4：非常满意
客观基地环境						
快速公路比率	−0.016	0.972	0.024	0.951	0.999	
模型 Sig.	−2 对数似然比		Sig.		Cox 和 Snell R^2	Nagelkerke R^2
<0.001	21.683		0.637		0.457	0.663

根据表8-19的观测结果，66.3%的变异比可以被该模型所解释（Nagelkerke R^2=0.663），且拟合度较好（Sig.= 0.637）。

三种模型的比较结果如表8-20所示。由表中数据：组合模型相比主观环境模型卡方值增加了6.492，且自由度为2，Sig.= 0.037，结果具有可信度；组合模型相比客观环境模型卡方值增加了37.283，且自由度为7，Sig.<0.001.结果具有可信度。因此，与主观模型和客观模型相比，组合模型对数据具有更高的解释度，且差异严格遵循卡方分布。

表8-20 组合模型与主/客观环境模型对比

	组合模型 vs 主观环境模型	组合模型 vs 客观环境模型
卡方提升值（χ^2）	6.492	37.283
自由度（df）	2	7
Sig.	0.037	<0.001

第三节 低体能老年人健康行为空间要素关联度分析

一、低体能老年人健康行为空间要素关联度的单因素分析

1. 个体信息变量

性别、场内景观、多样化场外设施、宠物拥有、成长环境、健康自评价、

活动量等自变量与老年人进行任何形式户外步行活动的概率呈正相关。

性价比、年龄、BMI指数、居住时间、性价比、日常生活照料、活动辅助设施、摔倒情况等自变量与老年人仅在场地休憩活动的概率呈正相关。详细数据如表8-21所示。

表8-21 老年人个体信息变量二元逻辑回归

自变量	回归系数 B	优势比 (OR)	p 值	优势比 95% 信任区间 (OR 95% C.I.)		变量度量设置
				下限	上限	
性价比	-0.001	0.992	0.001	0.982	1.003	
性别	0.720	1.958	0.004	1.271	3.322	0：女性；1：男性
年龄	-0.116	0.890	<0.001	0.849	0.931	
BMI 指数	-0.491	0.621	<0.001	0.518	0.732	
居住时间	-0.040	0.962	<0.001	0.931	0.964	
自选择因素：性价比	-0.730	0.491	0.001	0.312	0.750	0：未选择；1：选择
自选择因素：场内景观	0.939	2.447	<0.001	1.582	4.161	0：未选择；1：选择
自选择因素：多样化场外设施	0.928	2.426	<0.001	1.641	3.944	0：未选择；1：选择
宠物拥有	1.792	6.043	0.004	1.720	21.246	0：无；1：有
成长环境	1.024	2.791	<0.001	1.812	4.288	0：农村；1：城市
健康自评价	0.840	2.310	<0.001	1.781	3.182	1：一直不好；2：健康状况有起伏；3：一直很好
日常生活照料	-1.632	0.192	<0.001	0.096	0.401	0：自理；1：介助；2：介护
活动辅助设施	-1.209	0.292	<0.001	0.231	0.392	0：无；1：拐杖；2：步行器；3：轮椅
摔倒情况	-1.604	0.211	<0.001	0.116	0.357	0：无；1：有
活动量比较	1.685	5.328	<0.001	3.782	7.708	1：比一般老年人少；2：与一般老年人相同；3：比一般老年人多

2. 社会环境变量

对于社会环境变量，医生建议、对老年人场外活动的态度、老年人场外活动的政策等变量与老年人进行任何形式户外步行活动的概率呈正相关。

机构活动日志中，交通远行活动、总室外活动数、总室外活动比例等变量与老年人进行任何形式户外步行活动的概率呈正相关，详细相关数据如表8-22所示。

表8-22 社会环境变量二元逻辑回归

自变量	回归系数 B	优势比（OR）	p 值	优势比95% 信任区间（OR 95% C.I.）		变量度量设置
				下限	上限	
医生建议	3.020	18.472	<0.001	9.501	40.142	0：无；1：有
对老年人场外活动的态度	0.294	1.324	0.033	1.021	1.781	1：不好；2：不太好；3：比较好；4：好
对老年人场外活动的开放政策	0.481	1.610	0.016	1.084	2.399	0：不能；1：同意后能；2：可以自由外出；3：鼓励到场外活动
交通工具活动	0.157	1.158	0.041	1.018	1.324	
总室外活动	0.119	1.127	0.014	1.025	1.281	
总室外活动比例	0.061	1.062	0.004	1.020	1.098	

3. 场地环境变量

对于主观场地环境变量，对活动场地的偏好度、场内活动后的感受、偏好场内的动物、对场内景观的满意度、对场内步道的满意度、室内外空间便捷性、室外环境的通透性变量，与老年人进行任何形式户外步行活动的概率呈正相关，详细数据如表8-23所示。

表8-23 主观场地环境变量二元逻辑回归

自变量	回归系数 B	优势比（OR）	p 值	优势比95% 信任区间（OR 95% C.I.）		变量度量设置
				下限	上限	
对活动场地的偏好度	0.699	2.014	<0.001	1.430	2.838	1：非常不喜欢；2：不喜欢；3：喜欢；4：非常喜欢
场内活动后的感受	1.942	7.061	<0.001	3.136	14.912	1：差很多；2：差一些；3：好一些；4：好很多（与以前相比较）
偏好场内的动物	0.553	1.748	0.008	1.157	2.649	0：未选择；1：选择

续表

自变量	回归系数 B	优势比 (OR)	p 值	优势比 95% 信任区间 (OR 95% C.I.) 下限	优势比 95% 信任区间 (OR 95% C.I.) 上限	变量度量设置
对场内景观的满意度	0.574	1.772	<0.001	1.331	2.362	1：非常不满意；2：不满意；3：满意；4：非常满意
对场内步道的满意度	0.886	2.465	<0.001	1.940	3.061	1：非常不满意；2：不满意；3：满意；4：非常满意
室内外空间的便捷性	1.141	3.094	<0.001	2.219	4.317	1：困难；2：还行；3：容易
室外环境的通透性	0.512	1.663	<0.001	1.283	2.199	1：差；2：一般；3：好

对于客观场地环境变量，大门便捷性、自动门、外界联系、周边的人群活动等自变量，与老年人进行任何形式户外步行活动的概率呈正相关。

植被生长情况和可视性、植被种类的多样性、植被色彩的多样性、休息设施可选择性、可移动休息设施、休息设施的安全性、休息设施的便捷性、道路平整度、室外到室内的过渡区域等自变量，与老年人仅在场地休憩活动的概率呈正相关，详细数据如表8-24所示。

表8-24　客观场地环境变量二元逻辑回归

自变量	回归系数 B	优势比 (OR)	p 值	优势比 95% 信任区间 (OR 95% C.I.) 下限	优势比 95% 信任区间 (OR 95% C.I.) 上限
大门便捷性	0.089	1.092	0.003	1.029	1.183
植被生长情况和可视性	−0.199	0.821	0.011	0.672	0.945
植被种类的多样性	−0.137	0.882	0.034	0.781	0.995
植被色彩的多样性	−0.105	0.891	0.042	0.814	0.974
休息设施可选择性	−0.127	0.887	0.044	0.763	0.983
可移动休息设施	−0.134	0.869	0.005	0.782	0.944
休息设施的安全性	−0.237	0.792	0.012	0.647	0.932
休息设施的便捷性	−0.351	0.711	0.003	0.571	0.891
道路平整度	0.410	0.682	0.035	0.443	0.972
室外到室内的过渡区域	−0.279	0.749	0.001	0.643	0.841

续表

自变量	回归系数 B	优势比 (OR)	p 值	优势比 95% 信任区间 (OR 95% C.I.)	
				下限	上限
自动门	0.058	1.063	0.037	1.014	1.131
外界联系	0.071	1.057	0.039	1.013	1.146
周边的人群活动	0.068	1.072	0.021	1.011	1.137

4. 场外环境变量

对于主观场外环境变量，对步行的偏好度、步行后的感受等自变量与老年人进行任何形式户外步行活动的概率呈正相关。在场外设施维度中，感知到市场、餐厅、公共空间、用地混合度等自变量，与老年人进行户外步行活动的概率呈正相关。

在步行的适宜性维度中，道路连接度、道路两侧的树荫、道路周边景致等自变量，与老年人进行户外步行活动的概率呈负相关。

在人行道维护状态维度中，人行道覆盖率、人行道维护、人行道的独立性等自变量，与老年人进行户外步行活动的概率呈正相关。

在基地步行的安全性维度中，人行横道、夜间照明等自变量，与老年人进行户外步行活动的概率呈正相关。而步行障碍性、交通流量、空气质量等自变量与老年人仅在场地休憩活动的概率呈正相关，详细数据如表8-25所示。

表8-25 主观场外环境变量二元逻辑回归

自变量	回归系数 B	优势比 (OR)	p 值	优势比 95% 信任区间 (OR 95% C.I.)		变量度量设置
				下限	上限	
对步行的偏好度	1.480	4.381	<0.001	3.194	6.023	1: 不喜欢; 2: 比较不喜欢; 3: 比较喜欢; 4: 喜欢
步行后的感受	2.245	9.430	<0.001	5.989	13.826	1: 差很多; 2: 差一些; 3: 好一些; 4: 好很多
市场	1.868	6.521	<0.001	3.344	12.721	0: 未选择; 1: 选择
餐厅	1.551	4.589	<0.001	2.891	7.627	
公共空间	1.562	4.792	<0.001	2.252	9.472	
用地混合度	0.769	2.173	<0.001	1.778	2.629	将所有可感知设施种类加权计算

续表

自变量	回归系数 B	优势比（OR）	p 值	优势比 95% 信任区间（OR 95% C.I.）		变量度量设置
				下限	上限	
道路连接度	1.174	3.242	<0.001	2.413	4.382	1：非常不满意； 2：不满意； 3：满意； 4：非常满意；
道路两侧的树荫	0.931	2.531	<0.001	2.013	3.181	
道路周边景致	1.512	4.472	<0.001	3.169	6.251	
人行道覆盖率	0.778	2.313	<0.001	1.847	2.901	
人行道维护	1.320	3.579	<0.001	2.783	4.930	
人行道的独立性	0.751	2.093	<0.001	1.689	2.631	
步行障碍性	-1.138	0.321	<0.001	0.312	0.435	
交通流量	-1.179	0.170	<0.001	0.114	0.251	
人行横道	0.862	2.347	<0.001	1.783	3.065	
空气质量	-0.851	0.435	<0.001	0.321	0.598	
夜间照明	0.987	2.679	<0.001	1.947	3.662	

对于客观场外环境变量，在场外步行的适宜性维度中，总占地面积、商业用地比例、道路交叉口数量等自变量与老年人进行户外步行活动的概率呈正相关。

在场外设施维度中，公交站点数量、便利店数量、市场数量、餐厅数量、设施种类、设施数量等自变量，与老年人进行户外步行活动的概率呈正相关，详细数据如表8-26所示。

表8-26 客观场外环境变量二元逻辑回归

自变量	回归系数 B	优势比（OR）	p 值	优势比 95% 信任区间（OR 95% C.I.）	
				下限	上限
总占地面积	0.057	1.049	<0.001	1.031	1.093
商业用地比例	0.015	1.017	0.002	1.005	1.027
道路交叉口数量	0.029	1.031	0.005	1.013	1.064
快速公路比例	-0.012	0.988	0.001	0.973	0.993
公交站点数量	0.120	1.130	<0.001	1.070	1.934
便利店数量	0.327	1.391	0.019	1.052	1.851

续表

自变量	回归系数 B	优势比（OR）	p 值	优势比 95% 信任区间（OR 95% C.I.）	
				下限	上限
市场最短距离	0.702	1.958	<0.001	1.427	2.910
市场数量	1.028	2.837	<0.001	1.772	4.501
餐厅数量	0.049	1.051	<0.001	1.021	1.082
设施种类	0.137	1.139	<0.001	1.057	1.247
设施数量	0.024	1.027	<0.001	1.013	1.065

二、低体能老年人健康行为空间要素关联度的多因素逻辑回归模型

1. 主观环境模型

在主观环境模型中，当控制了基础模型中的个体信息变量，模型总体具有统计学意义（Sig.<0.001）。

在基础模型中，对于年龄变量，每增加1岁，老年人进行户外步行活动的优势比减少6.4%。对于老年人 BMI 指数变量，每增加1个单位，其户外步行活动的优势比减少了28.2%。居住时间变量统计学意义仅存在于二元逻辑回归中，在多元逻辑回归中，其统计学意义并不显著（OR=0.979，p=0.086）。

对于社会环境变量，若老年人被医生建议过外出步行活动有益健康，则进行任何形式的户外步行活动的优势比是原来的7.912倍。

对于主观场地环境变量，老年人场地活动后的感受每增加1个单位，其进行任何形式的户外步行活动的优势比是原来的2.639倍。

对于主观场外环境变量，老年人对场外步行的偏好度每增加1个单位，其进行任何形式的户外步行活动的优势比是原来的1.341倍。感知公共空间在养老机构周边可步行范围内的老年人，其进行任何形式的户外步行活动的优势比增加了2.492倍。老年人对道路连接度的感知评价每增加1个单位，其进行任何形式的户外步行活动的优势比增加了57.8%。

主观环境模型能解释58.2%的变异比（Nagelkerke R^2=0.582），且模型的拟合度非常好（Sig.= 0.959），如表8-27所示。

表8-27 主观环境模型

自变量	回归系数 B	优势比 (OR)	p 值	优势比 95% 信任区间 (OR 95% C.I.)		变量度量设置
				下限	上限	
基础模型						
年龄	−0.073	0.936	0.006	0.883	0.986	
BMI 指数	−0.347	0.718	0.004	0.547	0.912	
居住时间	−0.018	0.979	0.086	0.961	1.011	
社会环境						
医生建议	2.201	8.912	<0.001	3.682	21.071	0：无；1：有
主观场地环境						
场地活动后的感受	1.312	3.639	0.011	1.362	9.027	1：差很多；2：差一些；3：好一些；4：好很多（与以前相比）
主观基地环境						
对基地步行的偏好度	0.863	2.341	<0.001	1.645	3.582	1：非常不喜欢；2：不喜欢；3：喜欢；4：非常喜欢
公共空间	1.280	3.492	0.034	1.059	11.136	0：未选择；1：选择
道路连接度	0.451	1.478	0.022	1.071	2.302	1：非常不满意；2：不满意；3：满意；4：非常满意
模型 Sig.	−2 对数似然比		Sig.	Cox 和 Snell R^2		Nagelkerke R^2
<0.001	280.134		0.959	0.438		0.582

2. 客观环境模型

在客观环境模型中，当控制了基础模型中的个体信息变量后，模型总体具有统计学意义（Sig.<0.001）。

对于年龄变量，每增加1岁，其户外步行活动的优势比减少了7.7%。对于BMI 指数变量，每增加1个单位，其户外步行活动的优势比减少了43.2%。对于居住时间变量，在养老机构每住1个月，进行任何形式的户外步行活动的优势比减少了4.4%。

对于社会环境变量，研究结果表明，医生建议对老年人外出步行活动有益，其进行任何形式的户外步行活动的优势比是原来的13.376 倍。

对于客观场地环境变量，可移动休息设施的客观感知度每增加1个单位，其进行任何形式户外步行活动的优势比减少了26.2%。室外到室内过渡区域的客观感知度每增加1个单位，其进行户外步行活动的优势比减少了20.2%。

对于客观基地环境变量，商业用地比例每增加1%，其进行任何形式的户外步行活动的优势比减少了3.7%。

客观环境模型能解释54.7%的变异比（Nagelkerke R^2=0.547），且拟合度非常好（Sig.= 0.528），如表8-28所示。

表8-28　客观环境模型

自变量	回归系数 B	优势比（OR）	p 值	优势比 95% 信任区间（OR 95% C.I.）		变量度量设置
				下限	上限	
基础模型						
年龄	−0.079	0.923	0.003	0.876	0.972	
BMI 指数	−0.557	0.568	< 0.001	0.462	0.723	
居住时间	−0.036	0.956	< 0.001	0.951	0.992	
成长环境						
医生建议	2.732	14.376	< 0.001	6.481	32.372	0：无；1：有
客观场地环境						
可移动休息设施	−0.319	0.738	< 0.001	0.628	0.841	0：无此环境；1：完全不满足使用；10：完全满足使用
室外到室内的过渡区域	−0.221	0.798	0.041	0.647	0.996	
商业用地比例	0.027	1.037	< 0.001	1.020	1.063	
客观基地环境						
模型 Sig.	−2 对数似然比		Hosmer 和 Lemeshow 检验 Sig.		Cox 和 Snell R^2	Nagelkerke R^2
< 0.001	318.492		0.528		0.402	0.547

3. 主观和客观环境组合模型

在组合模型中，当控制了基础模型中的个体信息变量后，模型总体具有统计学意义（Sig.<0.001）。

在基础模型中，年龄每增加1岁，其户外步行活动的优势比减少了8.2%。当BMI指数每增加1个单位，其户外步行活动的优势比减少了31.8%。对于居住时间变量，老年人在养老机构每住1个月，其进行任何形式的户外步行活动的优势比减少了3.1%。

对于社会环境变量，研究结果表明，医生建议对老年人外出步行活动有益，其进行任何形式的户外步行活动的优势比是原来的8.527倍。

对于主观场地环境变量，场地活动后的感受每增加1个单位，其进行任何形式的户外步行活动的优势比是原来的3.263倍。

对于客观场地环境变量，可移动休息设施的客观感知度每增加1个单位，其进行任何形式的户外步行活动的优势比减少了23.2%。室外到室内的过渡区域变量，在客观环境模型中具有统计学意义，而组合模型中控制了主观环境变量后，其统计学意义并不显著（OR=0.821，p=0.092）。

对于主观基地环境，对基地步行的偏好度每增加1个单位，其进行任何形式的户外步行活动的优势比是原来的1.642倍。感知公共空间在养老机构周边可步行范围内的老年人，其进行任何形式的户外步行活动的优势比增加了3.688倍。

在组合模型下，主观环境下的总户外活动变量和客观环境下的商业用地比例均不具有统计学意义，因此，需要删除这两项变量。

组合模型能解释61.8%的变异比（Nagelkere R^2=0.618），且拟合度好（Sig.= 0.821），如表8-29所示。

表8-29 主观和客观环境组合模型

自变量	回归系数 B	优势比（OR）	p 值	优势比 95% 信任区间（OR 95% C.I.）		变量度量设置
				下限	上限	
基础模型						
年龄	−0.079	0.918	0.006	0.867	0.986	
BMI 指数	−0.399	0.682	0.002	0.521	0.862	
居住时间	−0.023	0.969	0.018	0.947	0.998	
成长环境						
医生建议	2.283	9.527	<0.001	3.856	21.372	0：无；1：有
主观场地环境						
场地活动后的感受	1.432	4.263	0.005	1.501	11.462	1：差很多；2：差一些；3：好一些；4：好很多
客观场地环境						

续表

自变量	回归系数 B	优势比（OR）	p 值	优势比 95% 信任区间（OR 95% C.I.）		变量度量设置
				下限	上限	
可移动休息设施	−0.258	0.768	0.001	0.647	0.912	0：无此环境；1：完全不满足使用；10：完全满足使用
室外到室内的过渡区域	−0.201	0.821	0.092	0.650	1.037	0：无此环境；1：完全不满足使用；10：完全满足使用
主观基地环境						
对基地步行的偏好度	0.972	2.642	<0.001	1.731	4.133	1：非常不喜欢；2：不喜欢；3：喜欢；4：非常喜欢
公共空间	1.572	4.688	0.026	1.252	17.415	0：未选择；1：选择
模型 Sig.	−2 对数似然比		Sig.	Cox 和 Snell R^2		Nagelkerke R^2
<0.001	279.892		0.830	0.455		0.618

三种模型的比较结果如表8-30所示。由表中数据：组合模型相比主观环境模型卡方值提升了7.983，且自由度为2，Sig.= 0.013，结果具有可信度；组合模型相比客观环境模型卡方值提升了38.921，且自由度为4，Sig.<0.001.结果具有可信度。因此，与主观模型和客观模型相比，组合模型对数据具有更高的解释度，且差异严格遵循卡方分布。

表8-30　组合模型与主观环境/客观环境模型对比

	组合模型 vs 主观环境模型	组合模型 vs 客观环境模型
卡方提升值（χ^2）	7.983	38.921
自由度（df）	2	4
Sig.	0.013	<0.001

第九章 养老机构外部健康行为空间要素分析结果

第一节 场外空间要素的影响结果分析

一、道路交通要素的影响

1. 道路连接度

调查问卷对于道路连接度的描述为：在两条或两条以上道路的交接处，对于交接处最短距离持有的态度为：强烈支持、支持、不同意、同意。如图9-1所示，道路连接度每增加1个单位，养老机构老年人达到一般体能步行指标优势比增加68.8%。道路连接度与养老机构老年人达到一般体能步行指标的概率呈正相关，但与高体能步行指标和是否进行户外活动并无关联。

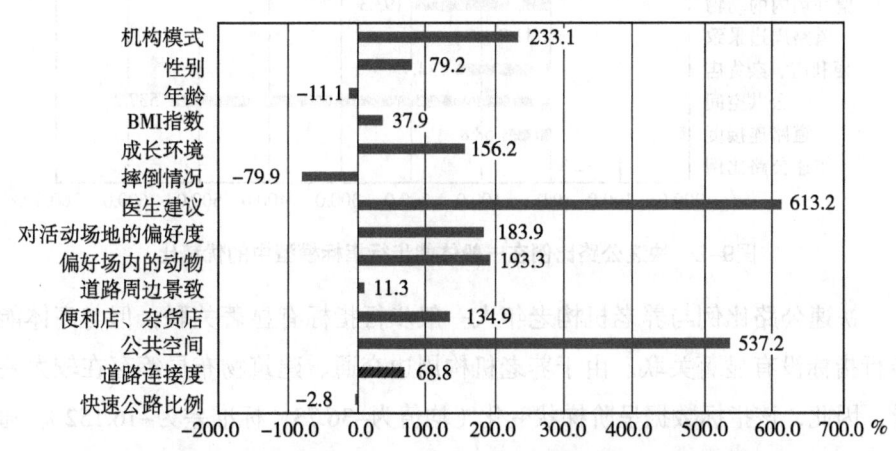

图9-1 道路连接度在一般体能步行指标模型中的优势比

通过相关文献统计和实证研究，主观认知和客观测量数据都会对养老机构老年人户外健康行为造成影响。但在实际测量过程中，由于养老机构周边道路交接口数量有限，对于测量结果容易造成一定误差，尤其是针对中龄和高龄老年人，客观测量数据易被弱化，老年人步行行为的开展主要基于老年人的主观认知。因此，养老机构应加强对道路连接度概念的认识，在养老机构周边道路明显处增加提醒标识，采用地图或者电脑展示等方式加强老年人对周边环境的认知。

2. 快速公路比例

快速公路比例被定义为快速公路与公路的长度比值。我国《公路工程技术标准》中对快速公路的标准定位为60~100 km/h。由于快速公路比例在实际观测中易被测量，因此，对于快速公路比例变量主要采用客观测量的方式，如图9-2所示。快速公路比例每增加1%，步行指标优势比将减少2.8%。

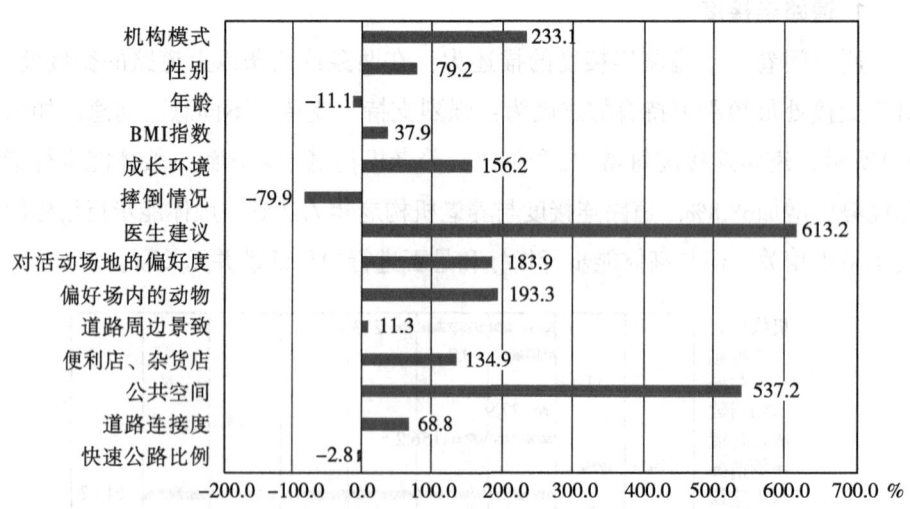

图9-2 快速公路比例在一般体能步行指标模型中的优势比

快速公路比例与养老机构老年人一般步行指标有显著关联，但与高体能步行指标没有显著关联。由于养老机构周边交通、建筑物布局等存在较大差异，因此，该指标数据呈阶梯状变化（均值为-36.73，标准差为-16.152）。随着年龄的增长，老年人在记忆能力、认知能力上出现不同程度的障碍，因此，主观数据并不显著，养老机构老年人对于养老机构周边的交通量和交通障碍认知程度不高，快速公路比例要素的客观测量数据相较主观感知数据可信度更高。

3. 公交站点数量

利用谷歌地图对公交站点数量进行直接观测，公交站点数量主要依赖于客观测量。如图9-3所示，公交站点的数量与养老机构老年人达到高体能步行指标具有关联性，但与一般体能老年人没有显著联系。根据模型结果，养老机构周围每增加1个公交站点会带来21.3%的优势比增加。公交车是老年人出行的最主要交通方式，高体能老年人的活动强度和活动时间要明显高于一般体能老年人，因此，公交站点数量的增加会显著提高高体能老年人的活动意愿。

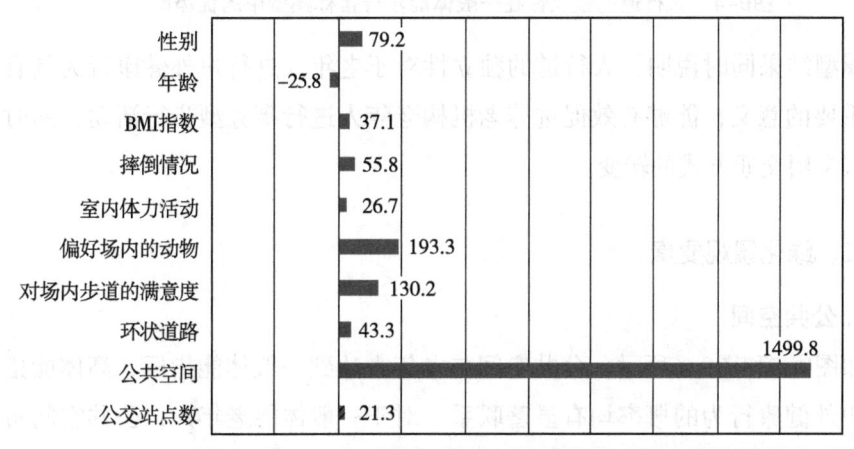

图9-3 公交站点数量在高体能步行指标模型中的优势比

4. 人行道的独立性

调查问卷对于人行道的独立性的描述为：人行道与车行道应该明显分开，人行道应独立设置且能保障老年人独立通行。对于人行道的独立性外界持有的态度为：强烈支持、支持、不同意、同意。

如图9-4所示，人行道的独立性每增加1个单位，养老机构老年人达到一般体能指标的优势比会显著增加383.27%，较高的人行道环境能促进老年人进行户外活动，但调查数据因统计量的原因与老年人进行高体能活动并无关联。

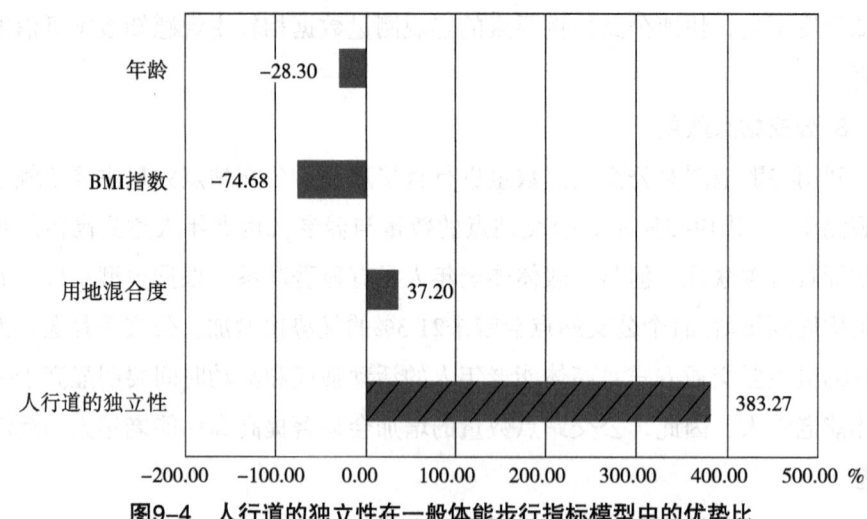

图9-4 人行道的独立性在一般体能步行指标模型中的优势比

模型结果同时说明，人行道的独立性对于老年人进行户外健康行为具有十分重要的意义，能够有效促进养老机构老年人进行事务型步行活动，同时促进其常用交通方式的转变。

二、绿化景观要素

1. 公共空间

如图9-5和图9-6所示，公共空间与老年人达到一般体能指标、高体能指标和户外健康行为的概率均有显著联系。对于一般体能老年人，公共空间每增加1个单位，一般体能步行指标优势比增加537.2%；对于高体能老年人，公共空间每增加1个单位，高体能步行指标优势比增加1499.8%。由此可见，在具有突出促进效度的前提下，公共空间对高体能老年人步行指标的优势比更高，其正向促进作用更为显著。

在主观观测下，公共空间与老年人达到一般体能指标、高体能指标和户外健康行为的概率均呈正相关。但在客观观测下，养老机构周边的公共空间，如：广场、公园、书店、小型超市等与养老机构老年人户外步行并无关联，户外公共空间的数量、规模、距离等与老年人的户外步行也并不存在相关联系。这说明客观检测和主观感知存在一定程度的差异，养老机构老年人的主观感知作用明显有效于公共空间的客观存在，且具有一定的干预能力。

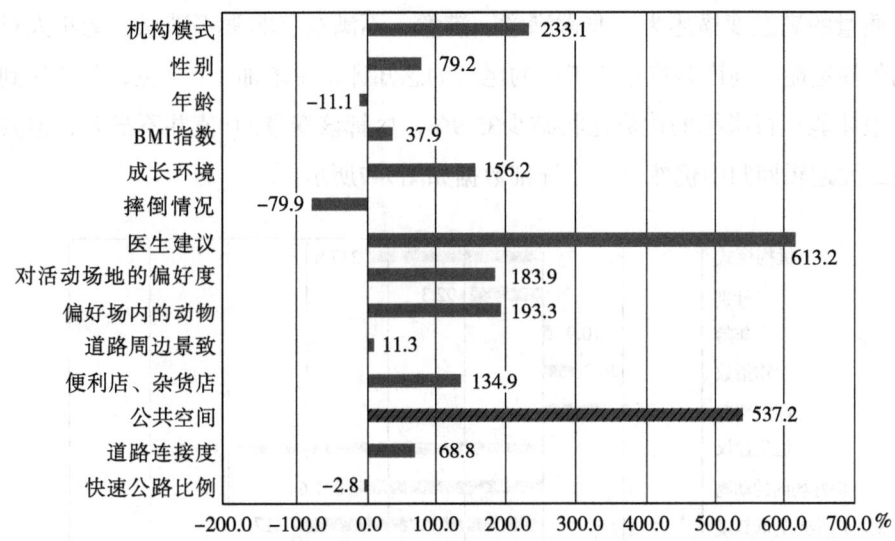

图9-5 公共空间在一般体能步行指标模型中的优势比

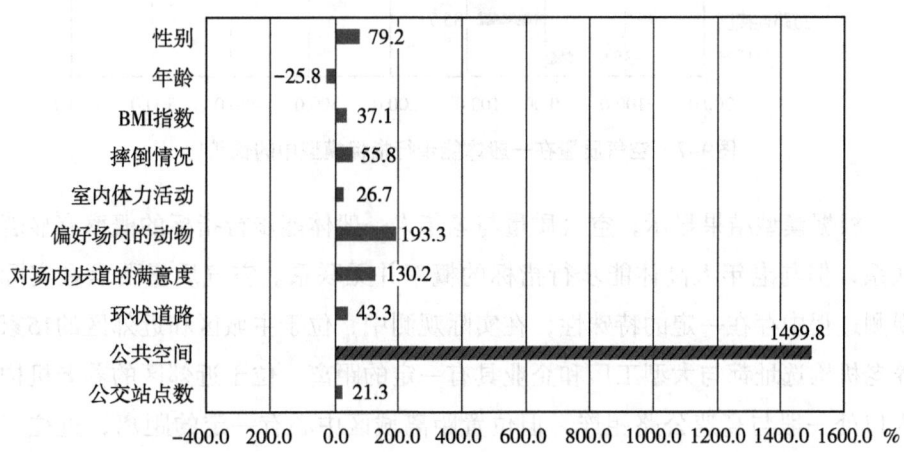

图9-6 公共空间在高体能步行指标模型中的优势比

对于养老机构而言，在关注养老机构自身选址的同时，应充分考虑机构内部对于周边公共空间的宣传作用。养老机构应定期组织相关讲座，对周边公共空间的位置、规模、内容物、距离等要素进行宣传，提高老年人对周边公共空间的主观感知能力。

2. 空气质量

在户外可以明显感受到雾霾、废气等污染物的前提下，调查问卷对于空气质量的满意度描述为：非常满意、满意、不满意、非常不满意。老年人对场外周边能闻到许多汽车或工厂的尾气的感知评价每增加1个单位，其能达到一般体能步行指标的优势比将减少35.9%，尽管该变量的p值并不显著，但其在二元逻辑回归中仍然显著，详细数据如图9-7所示。

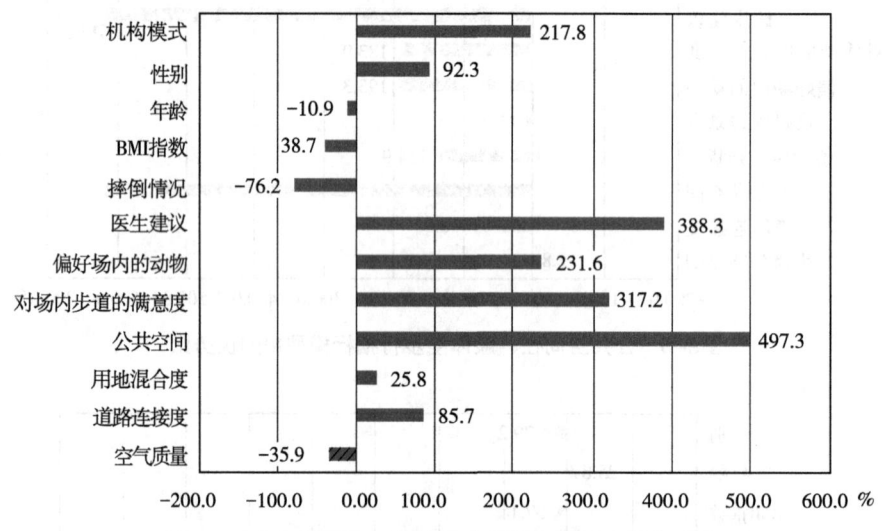

图9-7 空气质量在一般体能步行指标模型中的优势比

根据模型结果显示，空气质量与老年人一般体能步行指标的概率有显著联系，但与老年人高体能步行指标的概率并无联系。空气质量要素在实际观测过程中存在一定的特殊性，在实际观测中，位于主城区和近郊区的15家养老机构选址都与大型工厂和企业具有一定的距离。位于近郊区的养老机构入口处一般与高速公路相连，但位置距离城区中心有一定的距离，过往车辆数量有限，空气质量对于老年人户外步行的影响较小。同时，空气质量监测需要考虑一定的时间因素，具有一定的偶然性，因此，此要素可信度不高。

三、公共服务设施要素

1. 餐厅

餐厅感知变量在二元逻辑回归中具有统计学意义，而在多元回归分析中统计学意义并不显著，详细数据如图9-8所示。

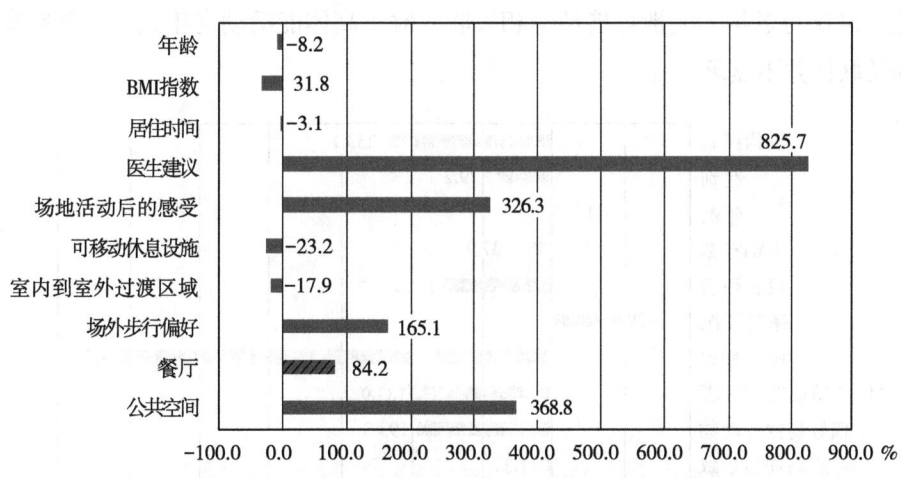

图9-8　餐厅在户外健康行为差异性模型中的优势比

如图9-8所示，餐厅数量每增加1个单位，对应餐厅在户外健康行为模型中的优势比增长84.2%。但受限于观测对象的数量，虽然餐厅在一定程度上对养老机构老年人进行户外步行具有一定的促进作用，但缺乏足够的样本支撑，信度并不高。对于处于户外的养老机构老年人而言，由于其自身对于所处范围内的建筑设施有一定的敏感性，餐厅的数量和距离会促进老年人进行户外步行活动的意愿，但对于是否进行户外步行缺乏关联性。

对于养老机构而言，在关注自身选址的同时，应充分考虑机构内部对于周边餐厅要素的宣传作用，提高老年人对周围餐厅环境、位置、距离等信息的识别和认知能力。

2. 便利店和杂货店

如图9-9所示，便利店和杂货店与老年人一般体能活动具有正向联系，每增加1个单位，对应的优势比增加134.9%。

从观测结果来看，主观数据和客观数据存在一定的差异。从主观数据的角度，一方面，便利店和杂货店相对大型超市的分布更加零散，提供的多为必需品，这些必需品满足了老年人日常生活的需要，有助于增强养老机构老年人进行户外步行活动的意愿；另一方面，便利店和杂货店提供的必需品比较集中，老年人在挑选过程中所耗费的时间和精力少，对于体能较为一般的老年人而言，能有效节约其户外步行时间，间接增加老年人户外步行的意愿。此要素仅与老年人一般体能活动相关联，对于高体能活动老年人，此项要素的关联性并不显著。

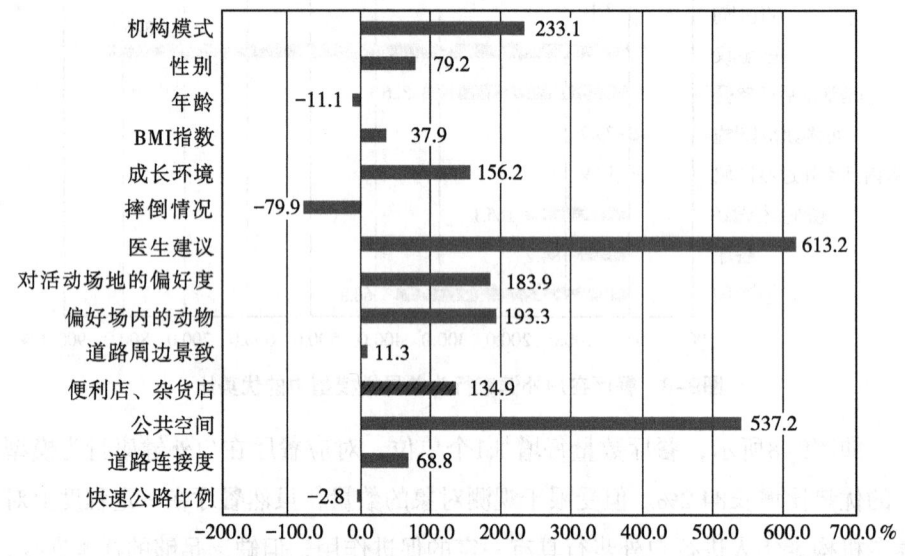

图9-9 便利店、杂货店在一般体能步行指标模型中的优势比

从客观数据的角度，老年人在可步行范围内的便利店和杂货店数量、距离与老年人是否进行户外步行并没有直接关联。由此可以看出，对于同一观测对象，主观和客观观测结果具有较大差异。

对于养老机构而言，在关注自身选址的同时，应充分考虑机构内部对于周边便利店、杂货店要素的宣传作用，提高老年人对周围便利店、杂货店环境、位置、距离等信息的识别和认知能力。

第二节 场地空间要素及其影响效应

一、活动空间要素

以SOS问卷为基础，室内过渡区域的客观感知度每增加1个单位，其进行任何形式的户外步行活动的优势比下降了17.9%。尽管该变量的p值并不显著，但其在表8-28的客观环境模型中具有统计学意义，详细数据如图9-10所示。

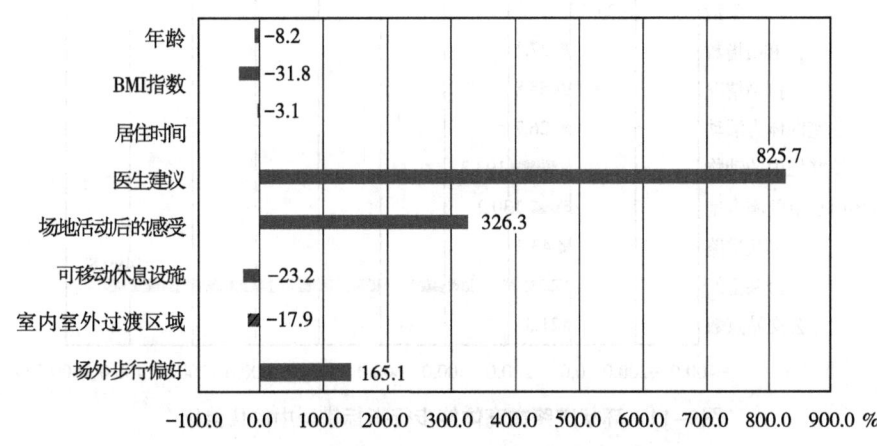

图9-10 室内室外过渡区域在户外活动差异性模型中的优势比

室外环境能起到恢复注意力、改善身体状况的作用，同时有利于缓解老年人焦躁等不良情绪，增加老年人的自我认同感。

根据我国颁布的《养老设施建筑设计规范》和《老年人居住建筑设计标准》，养老机构应在主要出入口设立平台和休闲空间。规范同时规定：养老设施应充分考虑适老性，相关平台和休闲空间的尺寸必须满足国家规范的规定。在具有潜在障碍物等位置应设有较为清楚的标识标牌，标识标牌的颜色、字体等应该具有可识别性。

老年人在户外活动时表现出显著的行为特征，例如，喜欢在出入口处逗留或者观察来往人群和车辆。因此，对于养老机构而言，要充分考虑老年人的生理和心理需求，在出入口提供可移动的座椅等休息设施，延长老年人与户外接触的时间。

二、步行系统要素

1. 环状道路

以SOS问卷为基础，环状步行道路的客观感知度每增加1个单位，养老机构的老年人能达到高体能步行指标的优势比增加43.3%，详细数据如图9-11所示。

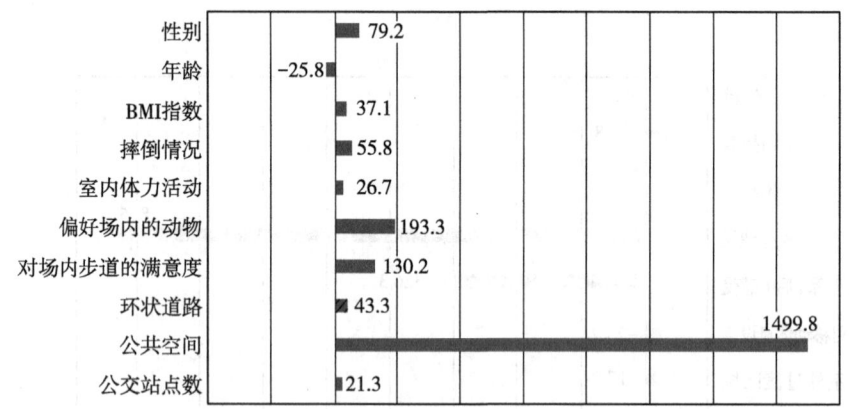

图9-11 环状道路在高体能步行指标模型中的优势比

环形路径是养老机构常见路径之一，相比直线型路径，环形路径更加曲折，行走过程更具趣味性。根据数据观测结果，环形路径与老年人高体能活动具有显著联系，环形路径更能提升此类老年人的活动意愿，延长高体能活动老年人的户外步行时间。与高体能老年人相反，环形路径对于一般体能老年人的影响并不显著，这是因为一般体能老年人对于路径的要求较低，受身体因素的限制，他们在外出步行时会优先考虑距离、时间等因素，路线形式对于此类老年人进行户外步行的影响较小。

除此之外，在环形路径要素下，活动频率与养老机构的规模呈正相关，养老机构规模越大，环形路径对于提高养老机构老年人户外步行频率的作用越明显；养老机构越小，环形路径对于提高养老机构老年人户外步行频率的作用越有限。这也从一定程度上反映了外部环境的规模对于促进老年人户外健康行为具有重要作用。因此，养老机构在修建时应根据自身规模对户外道路形式做出适当调整，以增强老年人进行户外健康行为的意愿。

2. 道路周边景致

以SOS问卷为基础，道路周边景致的客观评分每增加1个单位，养老机构老年人能达到一般体能步行指标的优势比增加了 11.3%，详细数据如图9-12

所示。

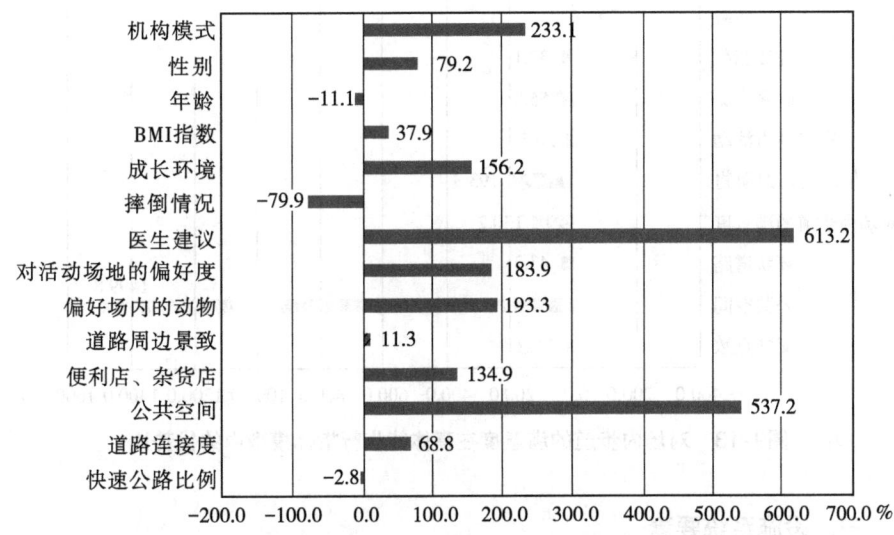

图9-12 道路周边景致在一般体能步行指标模型中的优势比

一方面,根据第五章生命亲和理论、注意力恢复理论和压力痊愈理论,老年人在自然环境中,生理机能和心理机能会受到自然景致的自动调节,对于促进老年人的身心健康具有十分重要的作用;另一方面,道路周边景致会延长老年人在道路上的逗留时间,多样化的道路周边景致还会在一定程度上提高老年人的户外活动频率。因此,养老机构应尽量选择种类和颜色丰富的绿植,提高绿植的可触性,在道路周围对绿植进行合理搭配,进一步提高步行道路周边景致对老年人户外活动的促进作用。

3. 对场内步道的满意度

对场内步道的满意度在测量中被描述为:非常满意、满意、不满意、非常不满意。如图9-13所示,老年人对于步行道路的满意度与老年人达到高体能步行指标呈明显的正向关系,即老年人对步行道路越满意,老年人达到高体能步行指标的概率越高。因此,养老机构的场地空间应具有足够的步行道路系统和过渡空间,道路路径的选择应多样化。大型养老机构更应该考虑设计环形路径,增加景致在道路周围的使用率,既形成开阔的户外活动空间,同时也形成独立的私密空间,提高老年人对于步行道路系统的满意度。

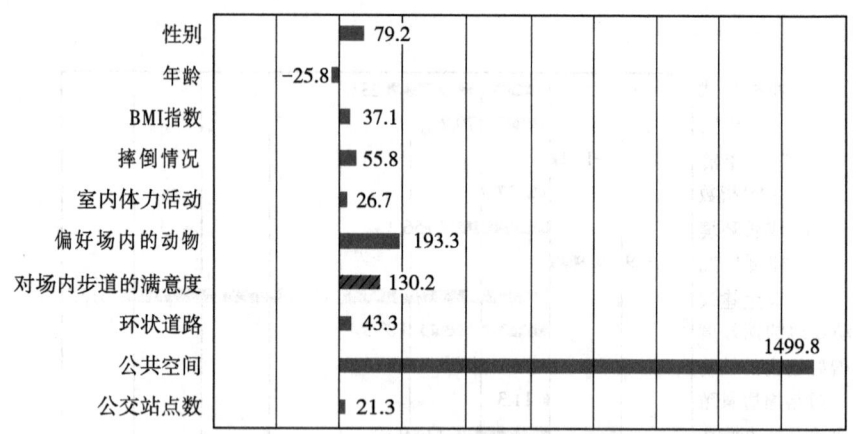

图9-13 对场内步道的满意度在高体能步行指标模型中的优势比

三、设施系统要素

1. 可移动休息设施

以SOS问卷为基础，可移动休息设施的客观感知度每增加1个单位，其进行任何形式的户外步行活动的优势比下降了23.2%，详细数据见图9-14。

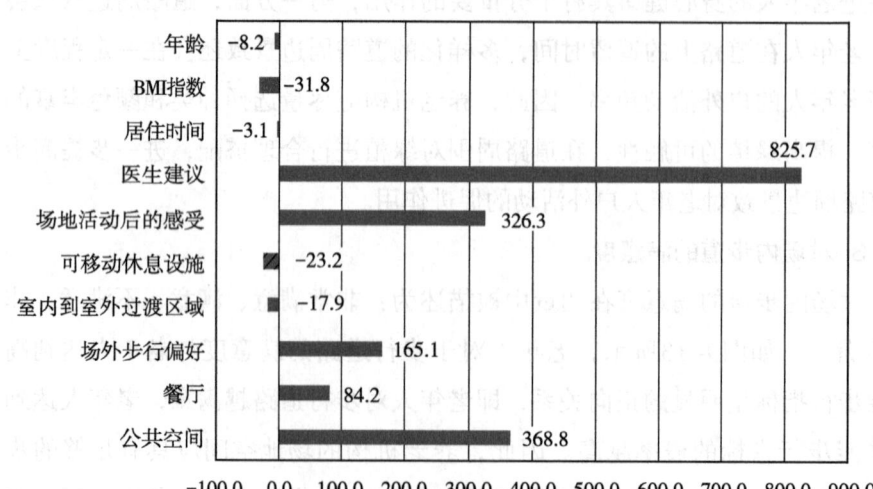

图9-14 可移动休息设施在户外活动差异性模型中的优势比

从调研结论可以看出，可移动休息设施与老年人进行步行活动具有显著联系，并且呈负相关。一方面，可移动休息设施可以延长老年人与户外环境的接触时间,尤其是对于体力较弱、活动能力较差的老年人,可移动休息设施为其提供了短暂休息的场所;另一方面,可移动休息设施也会制约老年人的户外健康行为,影响有氧运动的开展。因此,可移动休息设施对老年人户外步行的影响仅局限于具有户外步行倾向的老年群体,对于选择是否开展户外步行并不适用。

对于养老机构而言,应做好场内休息设施的管理工作,在健身设施周围、主要出入口和道路两侧提供适当的休息座椅,在满足体力较弱的老年人进行户外步行的同时,也能提高养老机构老年人进行户外有氧运动的积极性。

2. 偏好场内的动物

基于主观感知测量,偏好场内的动物的选项为:鸟类、鱼类和小型家禽。根据观测结果,场内动物对一般体能老年人和高体能老年人均具有显著影响。其中,场内动物要素每增加1个单位,老年人达到一般体能步行指标的概率和高体能步行指标的概率均增加1.93倍。由此可见,场内动物对于促进一般体能老年人和高体能老年人进行户外步行具有显著的促进作用。

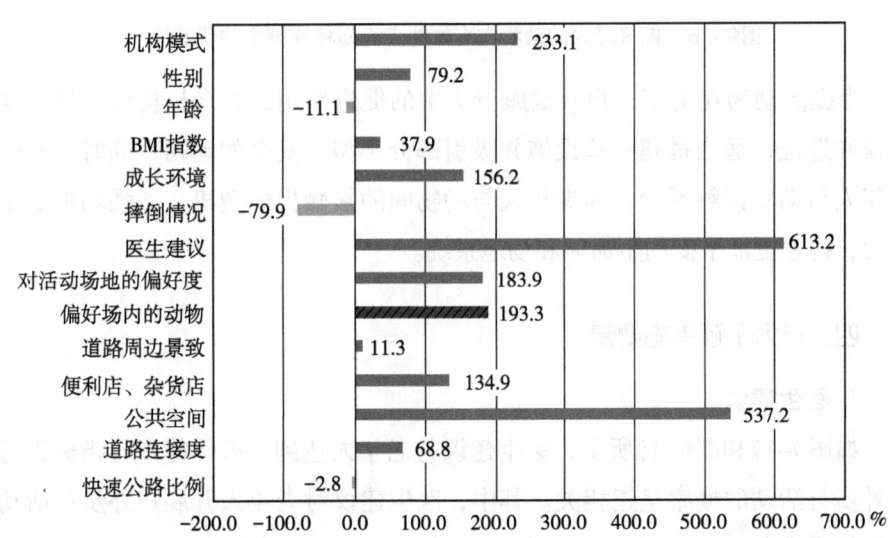

图9-15 偏好场内的动物在一般体能步行指标模型中的优势比

根据国内外学者的相关研究,动物对促进老年人的健康行为具有积极影响,这种生命之间的联系会给老年人带来陪伴感和目标感,增强老年人的社交活动和自我认同，有利于减少老年人抑郁症、焦虑症的发生。本书的结论为研究老年人户外健康行为促进效益提供了依据。通过对动物因素的相关数据进行分析，发现场地动物对于老年人的步行过程具有影响，但与老年人是否进行户外步行并无直接联系。

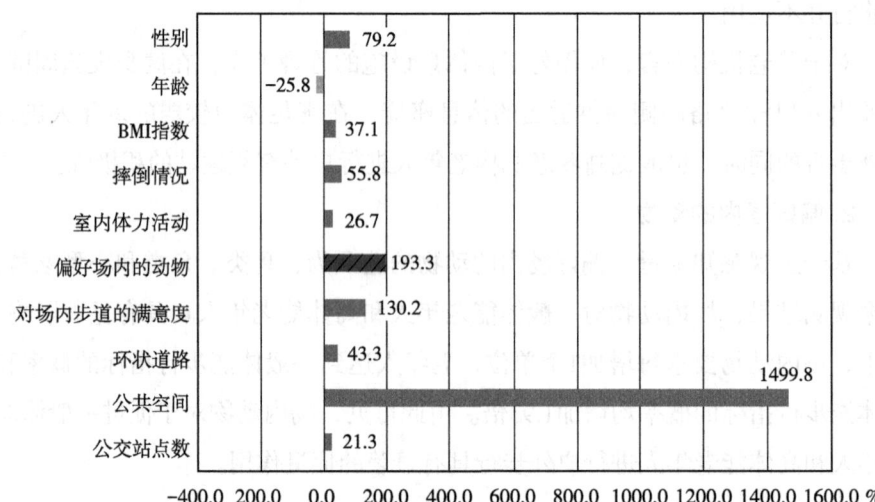

图9-16 偏好场内的动物在高体能步行指标模型中的优势比

为提高动物在老年人户外健康行为中的促进作用，养老机构应根据自身规模和选址，适当搭建一些设施并吸引部分小型、安全的动物；同时，构建老年人与动物接触平台，为老年人与动物间的接触提供契机，增强场地的生命力，构建更加平衡的生命体和场地系统。

四、行为干预措施要素

1. 医生建议

如图9-17和图9-18所示，医生建议与老年人达到一般体能步行指标进行户外步行活动的概率呈正相关。其中，医生建议对老年人开展户外步行活动的优势比最高。

医生建议与老年人是否进行户外步行并无显著联系，但对老年人的户外步行具有显著的促进作用。医生建议尤其对老年人开展户外步行活动影响较大，优势比达到825.7%。这说明医生建议在老年人开展户外步行中的重要作用。因此，养老机构应定期开展相关培训讲座，邀请专业医生或者康复理疗师对老年人开展户外步行进行指导，同时也对老年人进行户外步行提供充分的支持。除此之外，养老机构工作人员还应该多从专业角度对老年人户外步行行为的好处进行宣传，鼓励老年人进行户外活动，提高老年人的自信心。

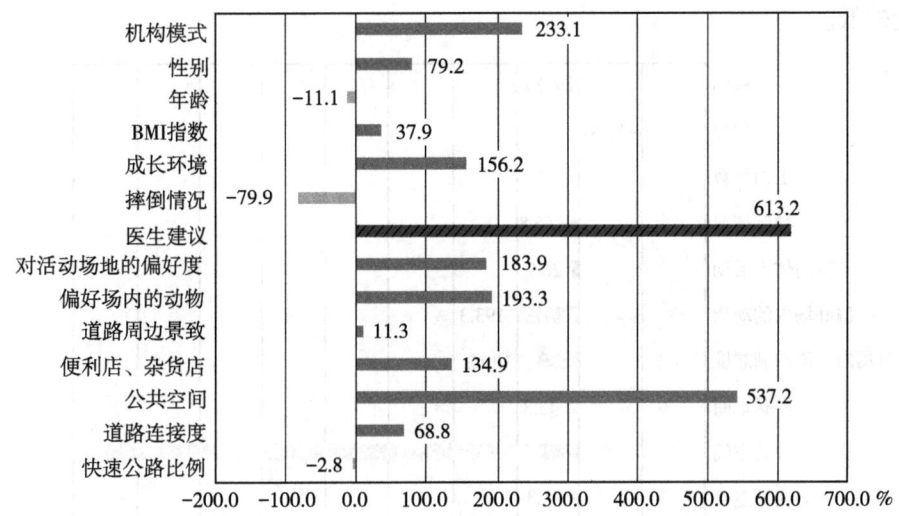

图9-17　医生建议在一般体能步行指标模型中的优势比

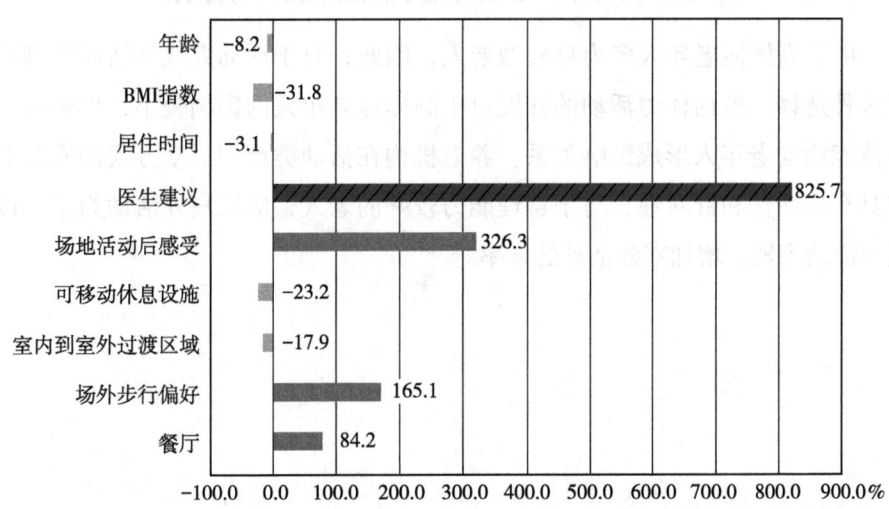

图9-18　医生建议在分析户外健康行为差异性模型中的优势比

2. 室内体力活动

调研结果显示：15家养老机构中，该要素开展的最高频率为4.99次/周，但相关研究数据并不能支撑和说明该要素与养老机构老年人进行户外健康行为的关系。根据图9-19的相关数据结论，室内体力活动每增加1个单位，老年人达到高体能步行指标的优势比降低26.7%，但受统计学结果影响，该数据信度较低。

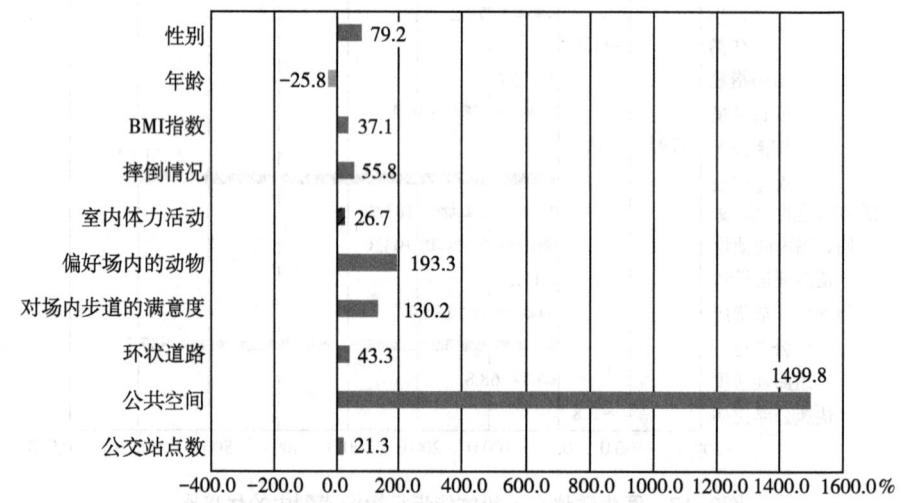

图9-19　室内体力活动在高体能步行指标模型中的优势比

由于高体能老年人多为自理型老人，因此，对于活动方式和活动类型具有多种选择，室内体力活动的开展对于高体能老年人的影响较小，也未与一般体能活动老年人形成影响关系。养老机构在活动类型和活动方式的安排上应具有灵活性和针对性，对于自理能力较好的老人，应以户外活动为主，以室内活动为辅，增加室外活动的频率。

第十章　基于调查情况的成都市外部健康行为空间案例比较

第一节　成都市养老机构建设背景

老龄化社会的加剧给家庭养老和社会养老带来了巨大的压力，同时也考验着政府规划养老的能力。2017年，四川省65岁及以上人口比例达到11.4%，远高于我国平均水平。成都作为四川省省会城市，65岁及以上人口比例达到21.34%，面临严峻的老龄化问题。2016年，成都市从功能分区、环境设备、服务内容等方面对养老机构做出了相应规定，该标准适用于成都行政区域范围内的所有养老机构。除此之外，成都市还先后颁布了养老机构星级评定标准、养老机构护理服务等级划分标准、居家养老服务管理规范、养老机构老年人健康及功能综合评估办法等，进一步提升成都范围内养老服务的质量和等级。同时，为规范社会养老服务体系建设中的政府购买服务行为，提升养老机构服务设施质量，全面建设养老服务体系，成都市先后颁布条例对养老机构的补贴、设施申办和个人补助补贴申请进行了详细规定。2018年10月，以《成都市养老机构星级评定》为标准，成都市政府组建专家团对成都范围内的民办养老机构进行了评定。评定过程以环境、管理、设备设施等七大方面为重点，依据分值，评定出首批星级养老机构，这对全面提升成都范围内的养老服务质量，促进养老服务高质量发展具有重要意义。

目前，成都市共有480家养老机构，其中，包括212家公办养老机构和268家民办养老机构。除此之外，成都市还建有日间照料中心2621个，智慧养老平台22个，并不断扩大养老服务体系建设规模。2019年，成都市出台《关于深化养老服务综合改革提升养老服务质量的实施意见》，指出未来三年，中心城区将新增社区养老设施205处，到2022年，每千名老人床位数将突破45张。同时，成都市政府进一步扩大和鼓励外来投资者兴办养老机构，精简养老机构审验手续，对经营连锁养老机构3家以上的给予一次性奖励，对PPP项目制定相应的用地保障措施等。政府通过健全保障机制、探索发展模式、完善服务体系的方式旨在扶持促进养老机构的蓬勃发展，推动成都市养老服务体系加快建设，缓解家庭和社会的养老压力。

智慧养老是成都市乃至四川省未来养老发展的必然趋势。2019年，四川省经济和信息化委员会颁布《四川省智慧健康养老产业发展行动方案（2019—2022年）》（以下简称《方案》）。方案指出，随着养老资源的供给不足以及人们对养老服务需求的日益增加，未来将促进信息技术发展与健康养老的融合，全面提升养老服务质量。这意味着突出健康养老产品的应用、壮大健康养老产业、推动养老信息服务平台建设将成为未来养老产业的主要发展和行动方向，这也对养老机构的养老服务质量提出了更高的要求。养老机构应把握当下养老行业的发展趋势，将养老与医疗、旅游等产业进行融合，全面推动养老服务的信息化，提高养老机构设备设施的服务质量，从过去满足老年人的基本生活需求转变为满足老年人更高层次的需求，促进养老服务的升级。

第二节　健康行为促进型空间要素的个案比较

本节以老年人健康行为干预和外部空间对健康行为促进的相关理论为基础，选择成都范围内两家养老机构为个案研究对象，对其定位布局、休闲活动空间要素、绿化景观空间要素和路径空间要素进行对比研究。为确保研究对象所在区域具有相似的经济发展水平和城镇化水平，因此，选择成都范围内同一行政区域具有典型代表性的1家国办福利机构（后文用养老机构A表示）和1家公建民营养老机构进行研究（后文用养老机构B表示）。

一、养老机构定位布局的个案比较

养老机构的定位布局关系到养老机构的运营效率,直接影响养老机构的服务质量。养老机构的定位布局应根据养老机构的规模、性质综合考虑。

从功能布局上看,A养老机构创建于20世纪50年代,经验丰富,对社会养老服务趋势和发展方向有更加深刻的认识,同时也是该区域首家对外开放的国办福利机构。A养老机构占地约30亩,共有床位400张,户外绿化面积接近13亩,是集养老、康复、娱乐等于一体的现代型多功能养老机构。B养老机构占地约20亩,按照高端老年公寓打造,能同时容纳约200位老人入住,是当地政府投资建设的大型公建民营养老机构,2019年3月入围成都市首批星级养老机构。

从养老机构布局方式来看,两家养老机构均采用集成式的布局方式,即通过主要建筑实现功能和需求的集合,建筑正对机构入口,机构内的道路采用环绕建筑修建的方式,这种布局方式实现了建筑和道路的系统整合,保障交通通行顺畅。

从区域位置来看,A养老机构靠近区域中心地带,人口密度较大,主要出入口紧邻城市次干道,养老机构周围有小区幼儿园分布,500米范围内有4个公交车站,12家小型购物超市,与最近的公园距离在2.5千米以上,在500米范围内有1个小型医疗服务中心,1千米范围内有1家大型综合医院。B养老机构所在区域人口密度较小,主要出入口靠近城市次干道,养老机构距离高速公路出口400米,500米范围内有4个公交车站,无小型购物超市分布,1千米范围内有1家大型综合医院,与最近的公园距离在2.5千米以上。通过对区域位置分析,A养老机构紧邻幼儿园,更能缓解老年人对孙辈的思念,活跃生活气氛,同时,A养老机构相对于B养老机构,周边商业配套更加成熟,有利于增加老年人的户外出行频率。养老机构定位布局相关指标对比如表10-1所示。

表10-1 两家养老机构定位布局比较

指标名称	养老机构A	养老机构B	备注
机构性质	国办福利机构	公建民营	
占地面积(亩)	约30	约20	

续表

指标名称	养老机构 A	养老机构 B	备注
绿化面积（亩）	约 13	约 9	
床位数（张）	400	200	
道路布置形式	环形	环形	
区域位置	靠近区域中心	区域边缘	
区域入口	密度大	密度小	
主要出入口道路形式	靠近城市次干道	靠近城市次干道	B 养老机构距离高速公路出口 400 m
500 m 范围内公交站数量（个）	4	4	
500 m 范围内地铁站数量（个）	0	0	
500 m 范围内幼儿园数量（所）	1	0	A 养老机构紧邻幼儿园
500 m 范围内中小学数量（所）	0	0	
500 m 范围内小型超市数量（家）	12	0	
500 m 范围内大型超市数量（家）	1	0	
500 m 范围内银行数量（家）	2	1	
500 m 范围内药店数量（家）	7	1	
500 m 范围内医疗中心数量（个）	1	0	
1 km 范围内大型医院数量（家）	1	1	B 养老机构位于医学城核心
500 m 范围内公园数量（个）	0	0	
500 m 范围内小区数量（个）	1	0	

二、休闲活动空间要素的个案比较

1. 交际行为空间

老年人户外交际行为空间分布具有随机性的特点，即交际行为的发生受时间、场地的约束较小。因此，户外休息设施是户外交际行为空间的主要表现形式。本书从户外休息设施的分布、布置形式等方面对两家养老机构的交际行为空间进行了对比研究。A 养老机构的户外休息设施主要分布在机构的入口和健身设施周围，休息设施的排列无明显的规律性。B 养老机构的户外休息设施主要分布在机构入口、健身设施周围和主要绿化景观空间内，休息设施的排列同样无明显的规律性。A 养老机构入口处休息座椅主要采用相邻线性布置和相对布置的方式。布置形式由于座椅间相隔距离较远，容易带来隔阂感，不利于老年人之间的聊天交往。B养老机构入口处休息座椅主要采用相邻线性布置和角度布置的方式，在主要入口的座椅附近配有遮阳伞，相邻座椅之间附带小型方桌，方便老年人放置随身物品。老年人喜欢在建筑物的出入口逗留，观察进出车辆和人群，因此，出入口是老年人进行户外交际的主要场所之一。B养老机构入口处的座椅布置形式更容易延长老年人的户外活动时间，有利于户外交际活动的开展。

A养老机构在健身设施周围也配有适量座椅，但座椅严重老化，出现破损掉漆的现象，座椅与健身设施采取相背布置的方式。从注意力恢复理论的角度来讲，长时间聊天交往容易使老年人感到疲倦，视线的适当转移可以有效延长老年人的户外交流时间，实现注意力的恢复。因此，这种布置形式使老年人无法在相互交流的同时关注身后的健身人群，无法有效延长老年人的户外交流时间。同时，A养老机构将植物长廊和长廊座椅进行有机结合，并在周围地面铺设大量鹅卵石。但鹅卵石铺设密度较小，地面高低不平，对于使用拐杖的老年人有较大的安全隐患。B养老机构除在机构入口和健身设施周围布置座椅外，也在主要绿化景观空间内布置了适量座椅，并配有雨篷以应对突发不良天气。

2. 健身行为空间

健身行为空间的合理布置能显著提高老年人进行户外健康行为的频率和积极性。首先，A养老机构健身行为空间主要以户外健身器械为主，但健身器械掉漆老化现象严重，器械组件之间存在松动脱落的现象，使用过程中有很大的安全隐患。其次，A养老机构健身器械的周边道路铺设有大量植草砖，植草砖具有防滑、亲和力强等特点，能增加老年人与绿植的接触时间，但植草砖由于长期缺乏管理和维修，表面掉色严重且杂草丛生，在下雨天很容易形成土坑，与周围环境不相协调，影响美观。除此之外，对于使用拐杖的老年人，拐杖很容易直接插入植草砖的缝隙中，增加老年人摔倒受伤的概率。对具有安全隐患的设施，周边未配置安全警示设施或提醒标识。A养老机构除健身器械外，还修建有乒乓球台和篮球场，但乒乓球台已被移至场地边缘，场地整体呈现由里到外的小幅度倾斜，不利于老年人肢体活动。因此，在这种场地条件下进行户外球类运动有较大的安全隐患。A养老机构老年人的年龄普遍都在70岁以上，随着身体机能的下降，体能耗费较大以及肢体冲撞较多的运动逐渐被门球、乒乓球等运动方式取代，因此，篮球场的修建存在一定的空间浪费现象，应优先考虑其他节奏较缓慢或运动强度较小的户外活动。

B养老机构的健身活动空间以健身器械为主，形式较为单一。与A养老机构相比，B养老机构健身器械普遍使用时间不长，未出现脱漆松动等现象，同时，健身器械旁的主要道路采用具有显著颜色区分的防滑材质，增加了老年人户外运动的安全性和舒适感。

总体来说，两家养老机构在健身行为空间形式的选取上都以健身器械为主，辅以少量的球类运动场地，形式相对单一。与A养老机构相比，B养老机构在健身空间周围道路材质的选取上更加合理安全，不同颜色的搭配也将健身设施所在空间的道路与其他道路有效分割开来。

3. 休闲行为空间

A养老机构休闲活动主要分为三种类型：常规活动、假日活动和创新主题活动。常规活动包括唱歌、手工、书画、舞蹈、棋牌、看电影、园艺等日常活动。机构常规活动根据活动性质分为定时活动和不定时活动两种类型。对于手工、舞蹈等具有一定技术难度的活动，机构内一般定时组织为一周一次，组织者或义工会全程参与，负责教学和安全督导工作。机构内单独设立手工展示区展示老年人的手工作品；对于唱歌、棋牌等技术难度较小的活动，机构一般不单独设定开展时间，活动时间由老年人自行决定。户外虽设有专门的象棋活动场地，但场地周边无任何雨水遮挡设施，下雨后场地变得潮湿冰冷，极大地削弱了老年人的参与意愿。除此之外，对于年龄较大、活动受限的老年人，机构应积极推进手工拼图等益智活动，并借助合作高等院校的实习生进行组织管理。机构的常规活动一般在室内开展，受场地限制，极少组织室外常规活动。机构在每层老年人活动区域都打造有园艺平台，供老年人布置照顾盆栽、多肉等绿植。室外园艺区主要由机构运营管理人员打理，造成室外土地资源的闲置和浪费。

假日活动主要包括节假日活动和生日主题活动。养老机构与高校合作，在主要节假日，如端午、元旦等节日举办文艺表演活动，并积极邀请老年人与高校学生共同参与；同时，机构与外部烘焙企业达成合作协议，每个月为机构内过生日的老人制作生日蛋糕。创新主题活动是为满足老年人更高层次的需求，组织的具有创新要素的专题活动。创新主题活动需要前期策划和外部社会资源的参与，组织时间需要与外部社会资源进行充分协调。机构目前已组织秋季趣味运动会、老年人时装秀、烘焙课堂等活动，后期还将与国外企业合作开展CSR（企业社会责任）主题活动。企业与养老活动的结合，在增强企业社会责任感的同时，也极大地丰富了养老机构老年人的活动类型，推动了养老文化活动蓬勃发展。

B养老机构对于大多数活动的场地、类型、时间等进行了明确划分。B养老机构活动分为常规活动和周边活动两类。常规活动的类型有唱歌、乐器、园艺、智能手机应用与学习、棋牌和交谊舞等。室外设有单独的园艺场地，并对有参与活动意愿的老年人单独划分了种植区域。

周边活动是养老机构组织入住老年人进行的踏青、参观等户外活动。这类活动有助于提升老年人的生活质量，需要严格的策划和组织。从活动频率上，机构平均每天活动时间为3小时，其中，上午活动时间1小时，下午活动时间2小时。各类休闲活动中，棋牌发生频率最高，安排时间为每周一至每周日的下午；唱歌和乐器的发生频率分别为每周3次和每周2次。

总体来看，A养老机构大量链接外部社会资源，活动类型更为丰富，对于棋牌等技术难度较小的活动，采取不定期开展的方式为机构老年人的交往活动创造了更多条件，有利于老年人根据自己的意愿主动选择参与活动。但两家养老机构的活动多以室内为主，仅有部分棋牌、运动会和踏青郊游活动在户外展开，极大地削弱和限制了老年人的户外健康行为，A、B养老机构活动类型及频率如表10-2所示。

表10-2 A、B养老机构活动类型及频率

养老机构	活动类型	活动频率	主要活动	备注
A养老机构	常规活动	一周一次	手工、舞蹈	
		无固定时间	棋牌、电影、唱歌、书画、园艺	
	假日活动	主要节假日	节假日活动	

续表

养老机构	活动类型	活动频率	主要活动	备注
A 养老机构		一月一次	生日主题活动	
	创新主题活动	无固定时间	时装秀、烘焙课堂、趣味运动会	需链接外部社会资源
B 养老机构	常规活动	每日一次	棋牌	
		一周三次	唱歌	
		一周两次	乐器	
		一周一次	智能手机应用与学习	
		一周一次	交谊舞	
	周边活动	无固定时间	踏青、参观	

三、绿化景观空间要素的个案比较

1. 绿化水体空间

本章第二节对两家养老机构的定位布局进行了系统比较，两家养老机构500米范围内均无已建或待建公园，这在一定程度上限制了老年人的户外自发性活动，也增加了老年人对养老机构内部绿化水体空间的依赖性。受场地条件限制，两家养老机构的绿化水体空间主要依附于已有建筑物，未形成独立空间布置，因此，无法形成整体的美感效果。第一，在植物的选择和搭配上，两家机构均采用以绿色灌木、乔木和红色花卉组合的搭配方式，植物种类的选择相对单一，未充分考虑其生态习性和种类优缺点与互补性。其中，B养老机构在植物种类选择上以落叶木居多，在冬季易形成凄凉冷清的氛围。第二，两家养老机构植物的布局方式缺乏趣味性设计。植物大多布置在草坪中间位置，外部无直接道路与绿植相连，同时，草坪周围的绿植多为高度在30 cm以下的小型灌木，老年人无法直接触碰到绿植，因此，无法充分发挥绿植调节视觉和缓解疲劳的功能。相较于A养老机构，B养老机构缺乏对绿植的日常养护管理，未定时清理杂草，造成绿植对土壤水分和养分的消耗增加，削弱绿植景观效果。第三，两家养老机构均无水体景观布置，同时机构内未修建喷泉、人工湖等水体空间，对于野生动物的吸引力度较弱。两家养老机构在绿化水体空间的布置上，更多考虑场地的整体绿化率，缺乏对植物种类、颜色搭配等的细部设计，未将绿化水体空间的整体呈现效果与老年人的视觉、触觉等感官效果进行结合,在一定程度上影响老年人进行户外健康行为的意愿。

2. 装饰空间

从物质形式上,B养老机构中修建有木制凉亭供老人乘凉使用。但凉亭四周无绿植种植,仅一个单一凉亭布置在场地中央。从空间气氛来看,两家养老机构均采用同色调的配色方法,配置较强稳定感的色系,整体偏冷色调,缺乏对暖色调和冷暖色调的搭配使用,缺乏空间层次感和设计感。

3. 坐息空间

本章第二节已对两家养老机构坐息空间的布置形式进行了对比研究。A养老机构坐息空间主要有长凳和石凳两种形式。其中,长凳已出现明显的脱色和掉漆现象,靠背处的木板已经脱落,容易给使用者造成较大的安全隐患。石凳虽然具有抗压好、抗冲击能力强、装饰性好的特点,但质地冰冷,夏烫冬凉,在夏季炎热天气石凳由于吸热快、散热快,短时间内的局部温度过高容易引起烫伤等问题。

B养老机构坐息空间主要有长凳和布椅两种形式。长凳使用的材质为木质,设计风格与A养老机构类似,但无明显脱色掉漆现象。布椅采用的是尼龙网格靠背和金属扶手组合的设计风格,这种座椅装饰效果低,但可塑性强,安全性能高,同时维修和养护成本低,易于搬运。

四、路径空间要素的个案比较

1. 通行空间

从外部道路来看,A养老机构入口处有两条主要道路与之相连,入口左侧道路与城区相连,为城市次干道,道路形式为双车道水泥混凝土路面。入口右侧道路与一老旧停车场相连,停车场路面出现严重破损,道路高低不平且有大量生活垃圾堆积。B养老机构入口处也有两条主要道路与之相连,入口左侧道路为城市次干道,但道路等级相对较高,入口右侧为500米长的小道,小道穿过农田与城市主干道相连。

从内部道路来看,A养老机构内部道路走向主要以直线型和环形为主。但机构内部分道路宽度过窄,如户外绿化空间内道路宽度不足1米,无法保证两位轮椅老人并行通过。除此之外,A养老机构健身空间处道路的适老性功能不足，健身空间整体进行抬高处理，但四周并未设立平滑坡道，而是采用与路缘石相似的构造，对于使用拐杖的老年人有较大的安全隐患。B养老机构内部道路走向也以直线型和环形为主，但部分道路路面已出现严重破损，路面破损石块突出路面，车辆经过时有明显的颠簸感，亟待整修。

2. 道路设施空间

A养老机构对于道路颜色无明显区分，养老机构入口处也未设立交通锥等安全标识，机构内的黄色安全标识随意放置，对于湿滑路面缺乏提醒标志。B养老机构使用蓝色和白色的搭配将健身空间道路设施与车行道进行区分，机构入口处设有明显的交通锥等安全标识，适老性更加突出。

第三节　健康行为促进型社会空间的个案比较

养老机构社会空间的合理建构对提高老年人户外健康行为频率、效益具有十分重要的作用。A、B养老机构在社会空间构建上更加注重互联网功能的打造，通过组建智能手机学习和培训课堂，开展网络诈骗、风险意识教育等讲座，鼓励老年人正确使用手机进行交流、购物、浏览新闻等。两家养老机构在关注网络社交空间的同时，却忽视了对家庭社交空间的建立，家庭关系是老年人社交中不可替代的一部分，但机构鲜有举办老年人与家庭成员共同参与的交流活动，养老机构应通过构建更加多元化的活动全面提高入住老人的生活质量。

第十一章 养老机构外部健康行为空间优化策略

本书在总结养老机构外部健康行为空间相关理论的基础上，对成都市养老机构外部健康行为空间进行了调查分析，并基于调查结论对成都市外部健康行为空间进行了比较。本章在分析调查结论和相关案例的基础上，从养老机构定位布局和分级配建、健康行为促进型空间规划和设计、健康行为促进型社会空间建构三个方面对养老机构外部健康行为空间提出优化策略和建议。

第一节 从定位布局和分级配建角度设置养老机构

一、养老机构定位布局与建议

2017年，国务院发布《"十三五"国家老龄事业发展和养老体系建设规划》（以下简称《规划》）。规划指出："十三五"时期，我国将面临更加严峻的养老形势，养老机构有效供给不足、质量效益不高、养老机构布局不合理等问题依旧突出，这是制约我国养老事业建设和发展的明显短板。为了更好地应对人口老龄化，规划要求"十三五"时期，我国政府运营的养老床位占比不超过50%，护理型养老机构床位占比不低于30%，以建立结构更加合理的养老服务体系；规划同时指出："十三五"时期，我国要大力发展以居家为基础、社区为依托、机构为补充的养老模式，将养老与医疗、旅游相结合，形成"养、医、乐"相融合的养老模式。

1. 打造"三边四级"养老服务体系，实现规模布局合理化

2018年，北京市初步建立"三边四级"的养老服务体系，"三边"是指老年人的身边、床边和周边，"四级"对应市、区、街、居四个层次。"三边四级"养老服务体系要求将市、区、街、居四个层次集中整合起来,市级对养老服务进行综合调度和指导,区级在市级指导下将区域范围内的养老资源进行有效整合,街乡对养老资源进行具体落实并且辐射到居家服务中,同时社区参与养老服务体系的建设。"三边四级"的养老模式不仅将区域范围内的养老资源进行有效整合,方便对养老资源进行统一管理和评估,还将养老机构嵌入居家养老服务体系中,为我国养老机构的发展指明了方向。随着我国老年人口的增多,社会和家庭养老压力逐渐增大,发达国家居家养老的比例在80%左右。根据"十二五"规划,我国居家养老比例在90%以上,居家养老依旧是我国老年人养老的首要选择。北京等地大力推动养老驿站建设,将城区养老机构小型化和微型化,满足老年群体的细微需要。相比于传统的养老机构,养老驿站的服务范围和受益范围更广泛,针对部分选择居家养老方式的老年人可提供日间托养、娱乐休闲、康复训练等服务,针对需要进行全托或者失能、半失能的老年人,可通过"三边四级"的养老服务体系就近选择较大型的养老机构。养老机构小型化不仅满足了大量居家老年人的刚性需求,还减少了土地成本,使养老资源得到有效利用。

2012年,万科在成都建立了第一个嵌入式社区服务养老驿站,为范围5千米以内的老年人提供日常照料、娱乐休闲等服务。2017年,成都市发布《养老服务发展"十三五"规划》(以下简称《规划》)。规划指出,2020年,成都市老年人口比例占户籍人口比例将超过25%,养老服务的刚性需求将进一步增大,如表11-1所示。为应对社会结构老龄化,规划提出大力发展含全托和上门服务的微型养老机构,推动社区居家养老融合的发展模式,为老人提供日托、临托、助餐、娱乐休闲等服务。通过打造"三边四级"的养老服务体系,能有效扩大养老机构在老年群体中的受益范围,对提升养老机构服务质量具有重要意义。

表11-1 成都市老年人口比例预测

年份	户籍人口(万人)	60周岁以上老年人口数(万人)	老年人口占户籍人口比例(%)
2017	1435.33	303.98	21.18
2020	1463.29	371.03	25.35
2025	1556.41	472.34	30.34

2. 精准定位养老机构户型和布局

我国养老机构种类众多，根据服务类型不同可以划分为老年养护院（社会福利院、敬老院、老年公寓、护老院）和养老院（护养院、护理院）。要实现养老机构户型和布局的精准定位，就必须将户型和布局的设计与老年人的实际需求相结合。我国《养老设施建筑设计规范（GB 50867—2013）》对我国养老机构的等级、规模和设施进行了划分，如表11-2所示。

表11-2 我国养老机构等级和规模划分标准

	老年养护院（床）	养老院（床）
小型	≤ 100	≤ 150
中型	101～250	151～300
大型	251～350	301～500
特大型	> 350	> 500

养老机构床位的设立除满足规范规定外，还应结合城市规模、城市老龄化程度进行合理配置。我国《养老机构发展研究报告》中对主要城市养老机构床位进行了调查研究，结果显示，在被调查养老机构平均床位数中自理型老人平均床位数接近50%，而半失能老人平均床位数不到总床位数的1/4。这不符合我国"十三五"规划中对护理型养老床位的要求。根据联合国对城市老龄化程度的判定标准，老龄化程度（65岁以上人口占比）在4%以内被认为是青年型城市，老龄化程度在4%～7%被认为是壮年城市，大于7%被认为是老年型城市。对我国一线、二线城市的老龄化程度进行调查，结果显示，85%以上的城市已经进入了老年型城市，青年型城市占比不到5%，如图11-1所示。

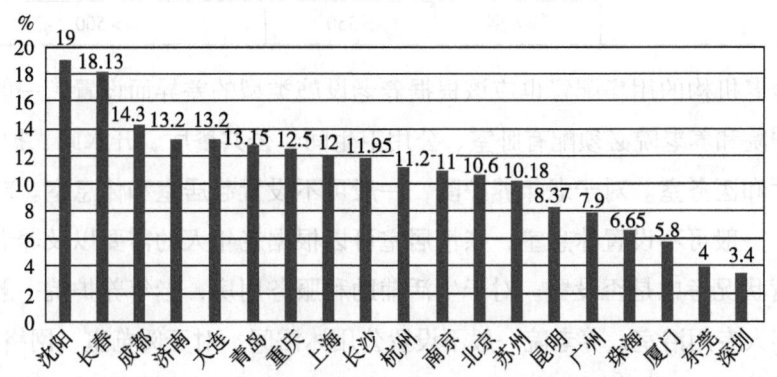

图11-1 我国一线、二线城市65岁以上人口占比（包括部分一线、二线城市）

因此，养老机构在配置养老床位时应充分考虑城市的老龄化结构，提高养老床位的利用率，减少养老资源的浪费，如表11-3所示。同时，对于养老机构床位类型的配置，应继续扩大护理型养老床位所占的比例。2018年，杭州、常州等城市相继发布提升养老服务质量建设意见，鼓励养老机构设置护理型床位；大连、广州等城市出台相应政策，提出到2020年，全市养老机构护理型床位应达到50%以上；2018年3月，上海颁布《养老机构护理型床位设置指引》，对护理型床位的规模区域、设备设施要求做了进一步规定。因此，壮年型、老年型城市应继续扩大护理型养老床位的比例，进一步满足失能、半失能老人的照料问题。

表11-3 我国城市养老机构规模及床位数

		老年养护院床位数（张）	养老院床位数（张）
青年型城市	小型	≤100	≤150
	中型	101~150	151~200
	大型	251~300	301~400
	特大型	>350	>500
壮年型城市	小型	≤100	≤150
	中型	150~250	200~300
	大型	300~350	400~500
	特大型	>350	>500
老年型城市	小型	≤100	≤150
	中型	200~250	250~300
	大型	300~350	450~500
	特大型	>350	>500

养老机构的用房配置也应该根据养老设施类型的差异而设置。一般的老年养护院和养老院必须配有卧室、公用卫生间、公共餐厅、开水间、护理站、交往厅和医务室。对于老年养护院，一般可不设置起居室和休息室。对于养老院，一般可不设置休息室，亲情居室可以根据老年人的需要以及养老机构的经营状况考虑是否设置。对于生活辅助和服务用房，老年养护院一般不设置老年人专用浴室，养老院一般不设置公用沐浴间。对于阅览室、网络室等，老年养护院可以根据实际情况考虑是否设置。同时，户型的设计应该与养老

机构的类型相适应。对于有特殊护理要求的老年人，其房间配置应比普通房间更大，方便安置医疗设备；对于自理型老年人的房间，一些高级养老院可以增设厨房，帮助自理型老人尤其是入住养老机构的老年夫妻完成一些日常生活事项，为老年生活增添乐趣。

二、养老机构分级配建建议

我国《关于调整城市规模划分标准的通知》中将我国城市规模划分为超大城市（城区人口1000万人以上）、特大城市（城区常住人口500万~1000万人）、大城市（城区常住人口100万~500万人）、中等城市（城区常住人口50万~100万人）和小城市（城区常住人口50万人以下）五类。对于不同规模的城市，应根据城市的土地资源、人口分布、公共服务设施数量对养老机构进行分级配建。我国主要的分级配建模式是以市级、地区级和居住区级为配建标准。对于超大城市、特大城市和大城市，人口基数大，老年人口数量众多，老年人对养老机构护理服务具有更加强烈的需求。因此，市级、地区级和区级都应配有养老机构，为自理型老人、介助型老人和介护型老人提供养老服务，同时区级应配置小型和微型养老机构，扩大养老机构的服务范围。对于中等城市和小城市，由于城市规模限制，应形成以市级和区级为主的养老机构服务网络。

随着城镇化进程的加快，大量农村劳动力向城市转移，农村出现大量的留守老人，农村老年抚养比增大。与城市养老机构相比，农村养老机构缺口较大，养老资源尤其是医疗资源较少，缺少专业的护理人员。因此，农村养老机构应与社会养老相结合，政府或企业提供相应补助。同时，由于农村老年人口相对集中，应设置中型或大型养老机构，一方面解决农村空巢老人的护理问题，另一方面吸引城区老年人前来入住，缓解城市养老压力。

第二节 从空间规划和设计角度对养老机构进行改进

在对成都市养老机构外部健康行为空间进行调查分析，并基于调查结论对成都市外部健康行为空间进行了案例比较后，从休闲活动空间要素规划设计、绿化景观规划设计和路径空间规划设计三方面对健康行为促进型空间提出优化策略和建议。

一、休闲活动空间要素的规划改进

我国《老年人居住建筑设计规范（GB 50340—2016）》规定老年人居住建筑应根据人口规模配有服务设施，养老机构应为老年人提供健身和娱乐场地，同时配有座椅、健身器材等辅助设施。我国《养老设施建筑设计规范（GB 50867—2013）》中也对养老设施中宜配备的休闲活动空间类型进行了概述。但相关规范中未根据具体的休闲活动类型对空间分类进行细化。随着老年人生活水平和生活质量的提高，老年人对休闲活动的多样性和休闲活动空间的层次性有了更高的要求。因此，本节从建立"坐息—交际行为"空间体系、增设阳光房和创建多重活动空间三方面对养老机构休闲活动空间要素的规划和设计提出优化策略。

1. 建立"坐息—交际行为"空间体系，增设阳光房

老年人的生理特征决定了其活动领域，户外200米活动半径的范围是老年人使用频率较高、停留时间较长的场所，其活动时间一般在30分钟左右。当老年人对环境有较强的适应能力时，个体活动会转变为由诸多个体共同参与的集体活动，相似社会背景、文化程度、健康状况的老年人会自发组织在一起，形成共鸣的内在感应。这种集体活动具有暂时性和随机性的特点，往往不局限于同一群体或固定场所。养老机构"坐息—交际行为"的空间体系旨在为老年人的随机交往活动提供必要的场所和空间，提高老年人户外健康行为的频率。

由于老年人体质较弱，每次户外健康行为时间较短，对于借助步行器、拐杖的老年人，平均每隔5~10 min便需要进行短暂休息。因此，应考虑在老年人户外健康行为空间每100米设立休息座椅。休息座椅的设立不仅满足了老年人特殊体质的要求，还为老年人的聊天交往提供了场所和条件。"坐息—交际行为"的空间体系有道路边布置方式和空间插入型布置方式两种表现形式。传统的道路边布置方式容易受到来往行人的干扰，私密性较差，如图11-2（a）所

示。空间插入型的布置方式为老年人的聊天交往创造了更加私密和安全的空间。独立空间的打造更能吸引老年人驻足停留，不仅增加了老年人与空间内自然景观的接触时间，而且能保证老年人之间的相互交流不受外界环境的干扰，更加符合老年人的活动习惯，如图11-2（b）所示。

（a）道路边布置方式　　（b）空间插入型布置方式

图11-2 "坐息—交际行为"空间体系

休息座椅的一般布置形式有相对布置、相背布置、环绕布置、线性布置和角度布置五种方式。在养老机构户外空间布置座椅时，应尽量避免采用相对布置和相背布置的方式。相对布置的形式由于视觉上的直视效果，容易制造紧张尴尬的气氛，不利于老年人之间的聊天交往，如图11-3（a）所示。相背布置的方式容易给人带来隔阂感，陌生老人之间更不易发生交往行为，如图11-3（b）所示。常见的线性布置方式在视觉效果呈现上比较单一，空间层次感相对较差，如图11-3（c）所示。因此，养老机构在布置座椅时，应尽量选择环绕布置和角度布置的方式，这两种布置方式由于老年人朝向和视线的差异会形成半独立的私密空间，不仅有利于老年人的休憩，还能促进老年人交往行为的产生，如图11-3（d）和图11-3（e）所示。

建筑出入口是老人最喜欢逗留的地方。因此，在养老机构户外主要出入口可布置适量活动座椅，一方面，活动座椅会减少老年人交往行为对交通带来的影响；另一方面，可以避免场地给老年人户外健康行为带来的限制。同时，在休息座椅附近可适当栽植绿化植物，如大型灌木。绿化植物的栽种不仅能给老年人带来心理安全感，而且能有效延长老年人与户外自然景观的接触时间。除此之外，在健身活动空间周围应布置适量的休息座椅，座椅方向应与健身设施相对布置。

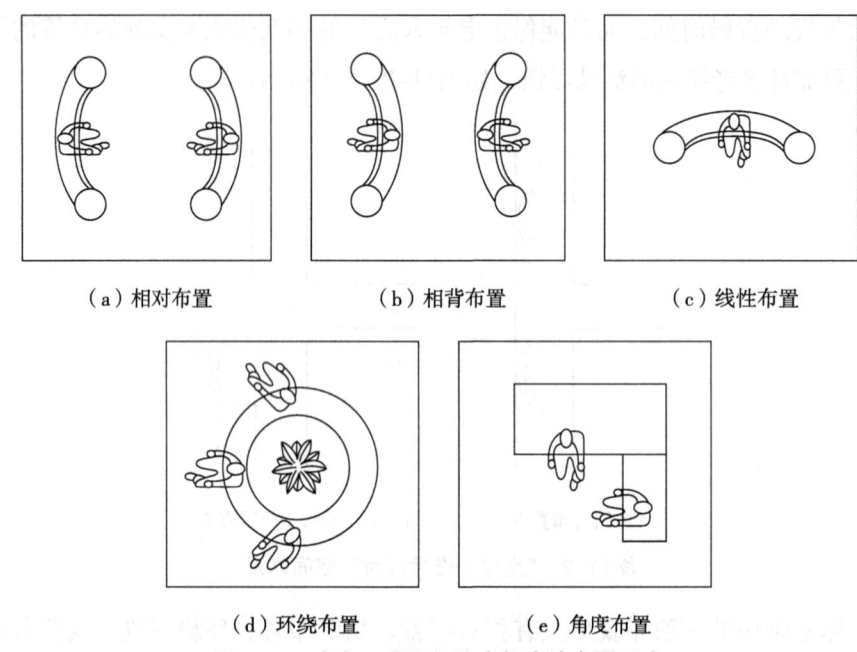

（a）相对布置　　　　（b）相背布置　　　　（c）线性布置

（d）环绕布置　　　　（e）角度布置

图11-3　坐息—交际行为空间座椅布置形式

老年人由于身体机能下降，户外活动减少，紫外线照射不足，体内维生素D转化减少，很容易加重骨质疏松等疾病。养老机构在设计户外休闲活动空间时，可考虑利用玻璃与金属框架搭建阳光房，可以起到在夏季隔绝外部热气、冬季保温的作用，能有效减少老年人体内钙质的流失。阳光房不应作为采光、沐浴阳光的单一建筑设计，而应规划设计为兼具休闲行为空间的复合建筑。因此，在设计阳光房时应与主要建筑物的出入口相连接，使老年人在阴雨天气可以通过连接处直接进入阳光房，开展棋牌等户外休闲活动。除此之外，还应将阳光房内部空间划分设计成小型的半独立空间，并设置植物栽种区域，以满足老年人对活动形式多样化的需要。

2. 创建多重活动空间

养老机构健身活动类型一般以乒乓球和器械运动为主，对于完全自理型老人，健身活动类型单一。因此，建议中型和大型养老机构规划设计门球、网球场地，为不同兴趣爱好的老年人提供健身活动场地。同时，对于介助型老人，应该规划设计户外康复训练场地，并配备专业的康复训练师对老年人的康复行为进行指导，以满足不同身体状况老年人的健身需要。我国养老机构休闲活动具有形式单一、频率低的特点。活动开展的范围一般局限于养老机构内部或周边较近区域，活动一般以讲座、舞蹈、歌唱等为主。随着生活水平的不断提高，养老机构除满足老年人的基本需求外，还应该满足老年人的更高层次需求。因此，建议养老机构可以适当组织参观市内博物馆、文化馆或者远足、旅游等活动，同时增加与老年人兴趣相匹配的个性化活动，不过度严谨和庸俗化，切实满足老年人的自身需求。

二、绿化景观空间要素的规划改进

我国《老年人照料设施建筑设计标准（JGJ 450—2018）》中明确规定：我国老年人照料设施建筑应进行场地景观和园林绿化设计，对于水体景观应设有明显的警示标识，场地应尽量选择在向阳、避风处且应该充分考虑老年人对声环境的要求。根据环境心理学理论，外界环境会对人体形成生理和心理刺激，这种刺激通过视觉、听觉、嗅觉等感官应用会形成人的某种行为或反应，合理的环境设计和绿化景观要素配置能对人的心理和生理产生更多的积极影响，促进其户外健康行为的形成。本节从地形的顺应与改造、植物的种类选择与配置以及绿化水体的养护管理等方面对养老机构绿化景观要素的规划和设计提出优化策略。

1. 养老机构布局应与公园绿地毗邻，重视对既有地形的顺应与改造

根据外部空间对健康行为促进的相关理论，养老机构的选址应与公园绿地等绿化程度相对较高的场所毗邻。大型养老机构由于规模较大，一般设立在城市外围，其布局可以考虑与风景名胜区、自然保护区等毗邻。中小型养老机构一般分布在城市密集区域，其土地规模容易受到限制，对于这类养老机构可以适当与区域内的公园绿地相结合，如光大汇晨北京古塔老年公寓，采用半岛式主题建筑，设立在古塔公园内部；南京聚宝山颐养中心则建设在南京15座郊野公园之一的聚宝山公园内部。2016年，国务院办公厅发布《关于全面放开养老服务市场提升养老服务质量的若干意见》，提出要统筹利用闲置资源发展养老服务，将养老机构与公园绿地相结合不仅能改善养老机构的既有环境，还可以利用公园的自然景观达到促进老年人健康行为的目的。根据我国城市绿化分类标准，中小型公园的服务半径一般在1~2千米，考虑到老年人的身体特点和活动差异，建议老年养护院应保证在周边1千米可步行范围建有公园绿地，对于养老院应保证在周边500米可步行范围建有公园绿地。

养老机构的绿化景观应尽量布置在地质条件稳定的区域内，对区域地形的高差应进行合理控制。对于场地高差较大的区域，可以利用台阶、挡土墙对既有地形进行改造。利用台阶处理高差时，可将台阶与植物、水体或无障碍坡道相结合，不仅能呈现出多样化的景观效果，还可以节约改造成本，保留场地的原始特色。对于地势相对较低的场地，可以适当建造"下沉式"庭院，实现视觉上的多样性和空间质量的改观。

2. 重视植物的种类选择与配置方式

绿化植物景观的呈现不仅满足造景要求，而且是室外环境功能性的体现。我国《城镇老年人设施规划规范（GB 50437—2007）》规定养老设施中的绿化植物应该根据当地气候、土壤条件进行合理栽种，同时应防止绿化植物对老年人健康造成损害。合理的植物种类选择和配置不仅能满足老年人室外活动对自然生态环境的要求，还能起到一定的防暑遮阴作用，促进老年人的户外锻炼。养老机构绿化空间可以适当设计垂直绿化丰富的宽阔柱廊，将绿化植物与休憩空间相结合，在植物种类上选择落叶乔木—绿篱的形式，使空间在夏季的炎热天气能有效抵挡阳光，起到防暑降温的作用，同时在冬季可以增加阳光的穿透性，促进老年人对维生素D的吸收。在植物种类的选择和配置上，应遵循差异性、多样性、可触性和健康性的原则。差异性是指应根据观赏对象和地形因素对植物进行配置，针对不同活动差异的老年人设计高低不同的植物。在开敞空间可利用高大乔木进行单株栽植，在草坪较多的区域可以采用乔木或灌木对应栽植的方式，在道路两侧可以根据空间特点进行列植，对于休憩观赏场地可以将乔木、灌木、花卉等进行搭配，采用丛植的种植方式。同时，绿化景观的配置应遵循可触性的原则，避免使用有毒、有飞絮或带刺的植物，防止老年人在户外活动时受到损害，如表11-4所示。

表11-4 养老机构不宜栽种的植物

植物名称	有毒部位	生理反应	备注
夹竹桃	茎、叶、花朵	昏昏欲睡、智力下降	长时间接触
一品红	茎叶中的白色汁液	皮肤红肿	
百合花	气味	失眠	长时间接触
水仙	鳞茎内部	呕吐、肠炎	含拉丁可毒素
虞美人	全株	中枢神经系统中毒	含有毒生物碱
郁金香	花朵	头昏脑涨	含毒碱,长时间接触
杜鹃花	植株、花内	呕吐、呼吸困难	含四环二萜类毒素
刺桐	种子	中枢神经破坏、头昏	
凤凰花	花、种子	头昏、腹泻	
柳树	飞絮	过敏	特殊体质人群
法桐	飞絮	过敏	特殊体质人群
枸骨	带刺	外伤	
月季	带刺	外伤	
仙人球	带刺	外伤	

绿化景观不仅具有美化环境、提高老年人户外活动积极性的作用,还具有一定的保健功能。一方面,根据森林疗法的相关理论,绿色植物可以通过光合作用调控PM2.5等颗粒物,也能产生较多的负氧离子,起到净化空气的作用,对于规划在城区交通密集区域的中小养老机构,应该注意植物的抗汽车尾气特性和滞尘性,同时应最大限度地发挥植物对其他生物的吸引作用,提高绿化空间生物种类的多样性,如表11-5所示。另一方面,植物可以通过刺激人体感官发挥其保健功能。视觉方面,植物材料的色彩对特定病症具有一定的治疗作用,因此,在植物种类的选择上应根据老年人的健康状况进行合理配置,如表11-6所示。除此之外,部分植物能够安抚老年人情绪,缓解病痛,起到辅助康复的作用,具有一定的药用价值,如表11-7所示。因此,养老机构应重视植物元素在绿化景观中的运用,将绿化景观与人的感官相结合,选择适老性较强的植物种类。

表11-5 成都地区常见抗逆性植物

特性	植物种类
抗汽车尾气	小叶榕、梧桐、黄葛树、桉树、构树等
滞尘力强	榆树、银杏、泡桐、核桃、女贞等
抗二氧化硫	榆树、女贞、构树、香樟、玉兰、山桃、黄葛树、龙柏等
抗硫化氢	龙柏、女贞、银杏、苹果、桃树、樱花、桑树
吸引鸟类植物	香樟、女贞、海桐、海棠、茶梅等

表11-6 具有治疗作用的植物色彩

常见病症	具有治疗作用的植物色彩
高血压、老年痴呆	白色
帕金森综合征	靛蓝色
失眠	紫色
过敏	靛蓝色、淡橘黄色
神经紧张	琥珀色、绿色
心血管疾病	绿色、粉色
糖尿病	紫罗兰色
消化不良	红色、橙色、黄色

表11-7 常见保健功能植物

保健类型	植物名称	效果
嗅觉保健（挥发物）	白玉兰、桃树	含有心血管保健药成分
	龙柏、常春藤	含有调节神经保健药成分
	樟树、松柏	缓解骨关节疼痛
	薰衣草	安神、帮助睡眠
	柠檬	精神振作
	红豆杉	减轻疲劳
	含笑、红千层	治疗皮肤感染、消化道疾病
触觉保健	桃叶珊瑚	肾炎
	接骨木	跌打扭伤
	芦荟	发炎肿痛
食用保健	菊花、金银花、玫瑰	清热去火
	车前草	清热祛湿
	益母草	活血祛瘀
	马齿苋	凉血消肿
听觉保健	海桐、桂花、龙柏	减噪

3. 加强绿化水体的设计和养护管理

水作为重要的构景要素，可以起到分割空间、美化环境的作用。常见的水体景观有人工湖、自然湖泊、水池、喷泉等。大型养老机构可以根据需要设计湖泊等大型水体景观，湖区应将沉水型植物、漂浮型植物和挺水型植物分层布置，提高水景视觉上的多样性。我国中小型养老机构由于规模较小，普遍存在轻养护的现象，大型水体景观夏季更容易滋生蚊虫和有害水生植物，影响环境美观。因此，中小型养老机构应该尽量选择布置小型水体景观，如小水池、小型喷泉等。养老机构水体景观的布置应采取动态和静态相结合的方式。静态水体景观可以增添水景的意境，给人宁静祥和的感觉，具有一定的镇静功效。动态水体景观相比静态水体景观更具活力，其产生的音效能给人的听觉带来一定的刺激，更能激发老年人的活力。将静态水体景观与动态水体景观融合，不仅可以增加水体景观的观赏性，还可以为不同需求的老年人带来感官刺激，促进其户外健康行为。

水体景观在触觉设计上应秉持适老性的原则，对于小型水池，应考虑设计高度在60～90 cm的范围内。高度在70 cm以上的水池适合非轮椅使用者观赏水体景观，老年人保持其身体站立状态便能直接接触水面。对于轮椅使用者，水池高度应设计在60 cm左右，同时水池应向外突出30～40 cm的距离，方便轮椅使用者放脚，如图11-4所示。

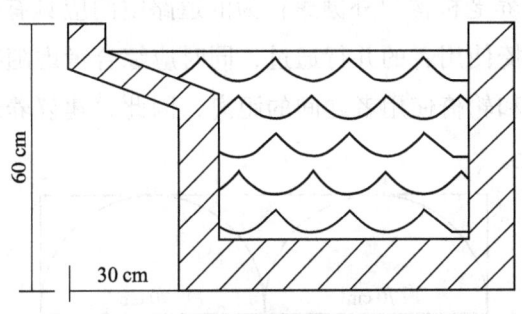

图11-4　养老机构小型水池设计

三、路径空间要素的规划改进

2007年，我国发布《城镇老年人设施规划规范（GB 50437—2007）》，规划指出,城镇老年人设施场地内应实行人车分行,并设置适量停车位,同时场地内步行道路宽度不宜小于1.8 m。我国《养老设施建筑设计规范(GB 50867—2013)》也明确指出,养老设施建筑的主要出入口不宜开向城市主干道,对于总平面内的道路应该设置人车分流,同时在停车场距离建筑物的主要出入口应该设立无障碍停车位,并附有明显标识。我国与养老机构规划设计的相关规范缺乏对路径空间要素细节的考虑,适老性不足。因此,本节从人行道宽度、行走路径和无障碍步行系统三方面对养老机构路径空间要素的规划和设计提出优化策略。

1. 增加人行道宽度,提高路径空间要素的导向性

我国《城市道路工程设计规范》(2016年修订版)对我国人行道宽度进行了规定,规范要求人行道宽度按照人行带倍数计算时,最小宽度不得小于2 m,并应设置无障碍设施。步行是养老机构老年人进行户外健康行为的主要方式,养老机构步行道路系统的宽度设立相比于一般道路要更加严格。养老机构老年人的户外行动方式主要包括轮椅代步、助行器辅助行走和正常行走三种类型。助行器一般有步行器、拐杖等形式,步行器的一般宽度在50 cm左右,轮椅的常见座宽一般为45 cm,以轮胎的外侧尺寸为测量点,其总宽度一般在65~70 cm,相比步行器占用空间更大。当两位轮椅使用者并行通过时,其距离一般为(不考虑轮椅之间的距离)130~140 cm,如图11-5所示。养老机构户外健康行为的道路空间应具有足够的宽度,通常应保证两位轮椅使用者的并行通过,同时应综合考虑随行护理人员、人行道外侧绿化带和轮椅使用者之间的距离,因此,建议养老机构人行道宽度设计在2 m以上。

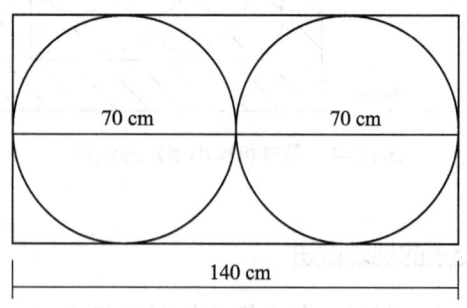

图11-5 轮椅并行示意

除此之外，养老机构应提高户外路径空间的导向性和可识别性。首先，在步行系统材料的选择上，应尽量选择弹性软质的防滑材料，避免使用大理石、马赛克等材质的材料。常见的水泥混凝土材料虽然平整性好，但其密度大、强度高，摔倒时容易发生骨折，因此，可以适当采用水洗、镶嵌等工艺对道路表面进行处理，提高其安全性和可识别性。对于部分安全性较高的步行空间，可以铺垫适量的鹅卵石，发挥道路的保健功能。其次，在交通辅助设施和交通标识颜色的选取上，应尽量选择黄色、绿色等暖色系颜色，将步行道与一般道路颜色进行区分，避免使用白色、黑色等易眩光颜色。最后，户外空间应设有交通警示标识，交通警示标识应设置在易于察觉且宽敞的场所，对于部分特别重要的标识，应配有盲文。同时，对于有阅读障碍的老年人，应增加标识的直观性和可识别性，可利用完整闭合的简易图形或图画来传递信息。

2. 设计选择性行走路径，提高步行道路系统的趣味性

路径空间的本质一般包括直线路径空间、环形路径空间和探索式的选择性路径空间。直线路径空间的特点是路线单一，一般利用一个点延伸成一条线，在视觉上具有连续性和流畅性的特点，如图11-6（a）所示。环形路径空间相较直线路径空间更加具有变化性，但其本质与直线路径空间相似，仍是以单一路线为核心，如图11-6（b）所示。探索式的选择性路径空间在道路的设置形式上具有选择性，不再是以单一路线为核心，步行者可以根据自己的喜好选择不同形式的道路，如图11-6（c）所示。

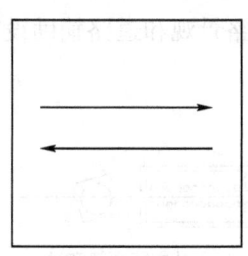 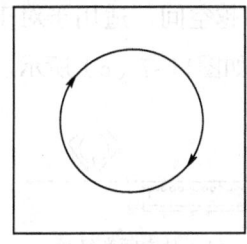 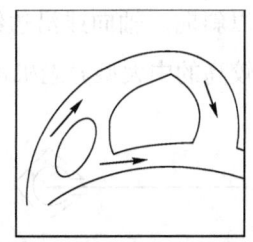

（a）直线路径空间　　　（b）环形路径空间　　　（c）探索式的选择性路径空间

图11-6　路径空间的空间本质

养老机构路径空间的选择应根据老年人的身体状况和活动差异综合考虑。对于自理型老人，应较多设计探索式的选择性路径。大多数老年人在进入老年生活后，情绪的淡漠胜过情绪的丰富，对外界事物的兴趣开始减弱甚至很少参与，根据行为学说理论，老年人好奇心的减弱会影响老年人与环境的互动，进一步造成老年人的非活动行为。探索式的选择性路径空间相比直线路径空间和环形路径空间更具有趣味性，能减少步行者的重复体验。老年人的户外行动具有停留性和片段性的特点，片段性的活动时间一般维持在30 min左右，选择性的路径会增加老年人与不同形式自然景观的接触时间，从心理上缓解老年人的运动疲劳，同时有利于激发老年人的好奇心，保持其思维的活跃性，对预防老年痴呆等疾病具有显著作用。对于需要代步工具，如步行器、轮椅等工具的老年人，应尽量选择直线路径空间。直线路径空间相比环形路径空间和探索式的选择性路径空间，其路线的流畅度更高，在视觉上具有较强的导向感，能直接传达道路信息。同时，由于减少了道路的弯曲长度，更加方便轮椅使用者的驱动和转向，增加了路径空间的安全感。直线路径空间在信息传递过程中，容易给人心理带来无穷无尽的行走体验。因此，对于直线路径应该适当插入中小空间，使老年人在行走过程中既可以感受到直线路径的导向作用，又能感受到"步行—休闲"空间体系的趣味性。路径空间中休闲空间的插入形式包括终止于一个空间、从空间旁经过和从空间内部穿过三种形式。其中，终止于一个空间使空间位置确定了空间路径，适宜于重要空间的设计，如养老机构主要出入口，如图11-7（a）所示。从空间旁经过的形式能保证各个空间的独立性和整体性，适用于小型空间的设计，如图11-7（b）所示。从空间内部穿过的形式使空间的呈现效果具有多样性，路径可以斜向、轴向或沿边缘穿越空间，适用于对于道路景观和道路辅助设施要求较高的中大型养老机构，如图11-7（c）所示。

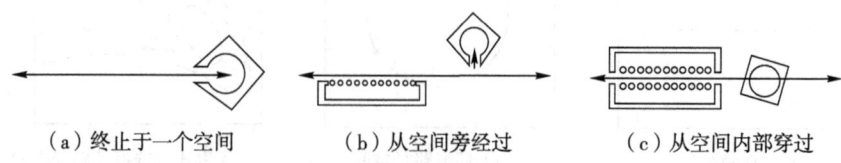

(a) 终止于一个空间　　(b) 从空间旁经过　　(c) 从空间内部穿过

图11-7　休闲空间的插入形式

3. 构建无障碍步行道路系统

一般情况下，在宽度较大的单元场景中，空间的动态性越强，人的活动范围更大，更有利于进行户外健康行为。我国公共建筑设计规范规定室外台阶踏步宽度不宜小于0.3 m，室外台阶踏步高度不宜大于0.15 m，不宜小于0.1 m。对于老年人，由于其室外活动具有停滞性的特点，一方面，室外台阶必须满足紧急情况下的交通需求；另一方面，需要考虑到老年人进行其他活动的可能性。因此，建议室外台阶踏步宽度宜不小于0.4 m。对于台阶踏步高度，考虑到大多数老年人由于身体机能下降，行动不灵活，在台阶设计上应尽量减少台阶高差，提高老年人行动的安全性。因此，建议室外台阶踏步高度宜不大于0.12 m。对于使用拐杖、步行器较多的场所，其室外台阶宽度可以设计为600 mm，台阶踏步高度设计为100 mm。

除此之外，养老机构还可适当构建"漫步道步行系统"，将漫步道与人行道融合，设计双步道体系，当出现较大高差时，可考虑采用小于8%的缓坡代替室外台阶，坡道宽度应设计在1.8 m以上。对于使用轮椅或步行器的老年人，还应在坡道两侧设计扶手，扶手上端和下端应设有盲文标识。辅助栏杆应尽量使用木饰面材料，传统的不锈钢材质受天气影响较大，适老性较差。当坡道侧面凌空时，还应在扶手下方设立坡道安全挡台，防止轮椅滑落，对于倾斜路面，应尽量采用粗饰面的防护材料，提高无障碍设施的安全性。

第三节 从社会空间角度构建养老机构健康行为空间

社会空间是老年人进行户外健康行为的重要外部空间，社会空间的合理建构对于提高老年人户外健康行为频率和效益具有重要作用。因此，本节从老年人社交网络构建和老年人户外健康行为干预着手，对健康行为促进型社会空间的建构提出优化策略。

一、老年人社交网络构建策略

1. 促进老年人与家庭成员之间的交往

虽然养老机构户外健康行为空间可以为老年人之间的群体交往活动提供必要的场所和条件，但家庭成员依旧是老年人社交网络中不可替代的一部分。

大部分老年人在进入养老机构后，与家人的联系减少，亲情关系逐渐淡薄，这加重了老年人自身的孤独感和落寞感。因此，养老机构应定期组织老年人与家人共同参与的活动，如手工艺品制作、趣味比赛等，促进老年人与家庭成员之间的交往。

2. 鼓励老年人学习使用互联网和智能设备

我国社科院大数据报告显示：在使用网络进行社交后，2/3的老年人与子女的联系频率增加，使用互联网和社交网络老年人的生活满意度高达74%。互联网对老年人生活质量的提高具有显著作用。第一，老年人通过互联网可以及时了解社会动态，避免自身与时代脱节；同时，老年人通过微信、QQ等社交软件与家庭成员、朋友进行交流，有利于缓解老年人的情绪压力，减少老年人的寂寞感和孤独感。社交网络具有较强的情感赋能作用，能增加老年人与年轻人之间的交流，促使老年人的心态年轻化。第二，通过智能健康腕表等设备，可以对老年人血压、心率等健康指标进行实时监控，使老年人可以更加安全地进行户外活动。第三，老年人对网络新产品、新服务功能的学习有助于锻炼老年人自身的思维能力，给老年人的日常生活带来更多乐趣。因此，养老机构管理人员应对老年人网络空间的使用进行合理引导和规范，通过定期组织网络宣传讲座，加强老年人对网络骗局的识别能力，帮助老年人规避网络风险。

二、老年人户外健康行为干预策略

1. 鼓励老年人参加园艺活动

园艺疗法认为，适当的园艺活动是调节老年人生理、心理健康的有效方法。日本学者川岛隆太教授通过研究发现，指尖的使用和控制能刺激大脑前额叶皮质的运作，达到训练大脑和康复身体的作用。养老机构应该适当规划园艺治疗坊，为老年人户外园艺种植活动提供必要条件。一方面，通过播种、施肥、浇水等园艺活动能锻炼老年人的身体协调性，提高身体的活动能力；另一方面，参加园艺活动可以延长老年人与户外绿化景观的接触时间，对调节情绪、防止衰老起到重要作用。园艺治疗坊应根据老年人的喜好选择易于栽植和存活的植物，如吊兰、月季、辣椒等。随着年龄的增长，老年人自我认同感降低，绿植的成功存活不仅可以激起老年人的正向情绪，鼓励其进行自我康复，还有利于老年人自身价值的实现。对于成功存活的植物，应设计展示区，提高老年人的自我成就感。在园艺活动的开展过程中，应组织专业摄影人员进行拍照或摄像留念，这是提高老年人记忆力、恢复认知的重要手段。园艺活动的组织应以个人活动和群体活动相结合的方式，老年人在群体活动中更容易产生共鸣，有利于促进老年人之间的交往行为。

2. 加强户外健康行为的宣传力度

根据知信行模式理论和计划行为理论，老年人的信念和态度会影响老年人的行为意向，促进老年人的户外健康行为。因此，养老机构应重视对老年人户外健康行为的宣传，增强老年人对户外健康行为重要性的认识；同时，养老机构应充分发挥对老年人户外健康行为的引导作用，对养老机构现有活动空间、健身器械的使用方法进行普及，对网球、高尔夫等较高难度的运动项目可聘请专业人员对老年人进行指导和培训。

参考文献

[1] 张双双. 中国人口老龄化对经济增长的影响研究：基于劳动力供给和投资的角度[D]. 济南：山东大学，2017.

[2] 赵丽清. 中国老龄化背景下城镇老年人力资源开发研究[D]. 天津：天津财经大学，2016.

[3] 祁峰. 我国人口老龄化的经济效应分析[J]. 经济问题探索，2010（1）：18-22.

[4] 钟水映，赵雨，任静儒. 我国地区间"未富先老"现象研究[J]. 人口研究，2015，39（1）：63-73.

[5] 林毅夫. 新结构经济学：重构发展经济学的框架[J]. 经济学，2010（1）：1-30.

[6] 杜玉慧. 中国人口老龄化时间空间分布及影响因素分析[D]. 郑州：郑州大学，2018.

[7] 赵媛，吴连霞，杜志鹏. 江苏省人口老龄化与区域经济发展关系研究[J]. 地理与地理信息科学，2015，31（3）：87-91.

[8] 王金营，杨磊. 中国人口转变、人口红利与经济增长的实证[J]. 人口学刊，2010（5）：15-19.

[9] 殷华西，刘莎莎，宋广文. 我国老年人心理健康的研究现状及其展望[J]. 中国健康心理学杂志，2014，22（10）：1566-1569.

[10] 刘梦琪. 我国老年人心理健康影响因素及政策建议研究：基于2015年中国健康与养老追踪调查[D]. 杭州：浙江大学，2018.

[11] 陈红. 老年人健康状况及其影响因素分析[D]. 保定：河北大学，2017.

[12] 高月霞，徐红，肖静，等. 南通市老年人抑郁状况及其影响因素分析[J]. 中国老年学，2012，32（1）：3928-3931.

［13］李为群，张秀敏，刘莹圆，等. 长春市社区老年人焦虑、抑郁状况与社会支持水平调查［J］. 医学与社会，2016，29（11）：96-98.

［14］张国琴，王玉环. 失能老年人社会支持与心理健康状况的相关性［J］. 中国老年学杂志，2011，31（11）：2070-2071.

［15］王洵. "健康老龄化"研究的回顾与展望［J］. 人口研究，1996（3）：71-75.

［16］宋全成，崔瑞宁. 人口高速老龄化的理论应对：从健康老龄化到积极老龄化［J］. 山东社会科学，2013（4）：36-41.

［17］李兆宇. 城市公园老年人户外活动空间设计探索［D］. 重庆：西南大学，2013.

［18］杨光，白翠瑾，等. 步速与老年人运动能力及医疗费的关系［J］. 体育学刊，2013，20（3）：134-138.

［19］赵婷婷. 我国养老机构的地位、性质及运行方式研究［J］. 社会视野，2012（5）：79-84.

［20］尹惠茹. 城市非营利性养老机构养老服务能力评价研究［D］. 长春：吉林大学，2017.

［21］黄强. 中国养老机构政策的发展路径和问题：基于文本分析和国际比较的实证研究［J］. 公共管理与政策评论，2018（5）：74-85.

［22］邓丽华. 老龄化背景下政府购买居家养老服务的模式探讨：以南宁市为例［D］. 南宁：广西大学，2017.

［23］黄清峰. 中国养老服务产业发展研究［D］. 长沙：武汉大学，2014.

［24］谢珊. 养老设施建筑外部空间环境设计精细化设计研究［D］. 西安：西安建筑科技大学，2016.

［25］芦原义信. 外部空间设计［M］. 北京：中国建筑工业出版社，1985.

［26］李庆丽. 养老设施内老年人的生活行为模式研究［J］. 时代建筑，2012（6）：30-36.

［27］张践明. "知识—信念—行为"关系之研究［J］. 湘潭大学学报（哲学社会科学版），2009，33（5）：130-134.

［28］许欣. 父母—儿童运动参与的知信行关系［D］. 北京：北京体育大

学，2013.

［29］夏红升. 基于计划行为理论的老年人参与智慧居家养老意向研究［D］. 长沙：湖南师范大学，2013.

［30］梁承磊，李秀荣. 基于计划行为理论的低碳饮食行为意向影响因素研究［J］. 经济与管理评论，2015（4）：28-34.

［31］陈芳，刘凯凯，李苗. 基于改进型计划行为理论的机务维修人员违章行为研究［J］. 安全与环境工程，2016，23（2）：147-152.

［32］陈长香，李淑杏. 社会生态理论系统下老年人健康维护的社会支持模型构建［J］. 河北联合大学学报（社会科学版），2014，14（6）：5-13.

［33］师海玲，范燕宁. 社会生态系统理论阐释下的人类行为与社会环境：2004年查尔斯·扎斯特罗关于人类行为与社会环境的新探讨［J］. 首都师范大学学报（社会科学版），2005（4）：94-97.

［34］黄一鸣. 美国老年疗养院花园营造与设计：以韦斯利伍兹医院为例［D］. 南京：南京林业大学，2013.

［35］苏谦，辛自强. 恢复性环境研究：理论、方法与进展［J］. 心理科学进展，2010，18（1）：177-184.

［36］班淇超，陈冰，STEPHEN SHARPLES MICHAEL PHIRI. 循证设计策略在医疗建筑环境领域的应用研究［J］. 中国医院建筑与装备，2016（10）：95-100.

［37］张鸣明，李幼平. 从循证医学到知证卫生决策与实践：世界卫生组织与Cochrane协作网工作会和第17届Cochrane年会要览［J］. 中国调查医学杂志，2009，9（12）：1247-1248.

［38］李幼平，李静，等. 调查医学在中国的起源与发展：献给中国调查医学20周年［J］. 中国调查医学杂志，2016（1）：2-6.

［39］K. 莱尔·库珀·马库斯，A. 罗琳·弗朗西斯. 人性场所［M］. 北京：中国建筑工业出版社，2001.

［40］张吉祥. 老年人与老公园设计［J］. 科技情报开发与经济，2007（24）：17-18.

［41］王欢，王晓俊. 老年人适用公园绿地建设评价调查［J］. 北方园艺，

2010（2）：139-142.

［42］董撒.老年人户外活动场地景观设计研究［D］.西安：西安建筑科技大学，2016.

［43］梁芳，崔凌霞.老年人户外活动空间设计探讨［J］.城市问题，2010（5）：52-55.

［44］崔玉刚.轻体育与老年人生活质量关系研究［D］.郑州：郑州大学，2014.

［45］杨来宝，蔡忠元，靳沪生，陈文曦.老年人运动锻炼对身心健康的作用［J］.中国老年学杂志，2013（22）：5688-5690.

［46］谌仁俊.大气污染、公众健康与环境政策研究［D］.武汉：华中师范大学，2016.

［47］王娜，杨树敏.城乡养老模式比较研究［J］.山西青年，2017（3）：271.

［48］刘若琳.上海亲和源养老地产公共空间环境研究［D］.西安：西安建筑科技大学，2015.

［49］刘艳萍.西安老城区养老空间景观改造设计研究［D］.西安：西安建筑科技大学，2017.

［50］程大锦.建筑：形式、空间和秩序（第二版）［M］.天津：天津大学出版社，2005.

［51］崔瑞芳，俞益武，孟明浩.基于园艺疗法休闲农业园设计的探讨［J］.浙江农业科学，2012（4）：587-591.

［52］胥爱红，王健.老龄化进程中发展老年人体育运动的社会学窥视［J］.唐山师范学院学报，2012，34（5）：72-74.

［53］扬·盖尔，何人可.交往与空间［M］.北京：中国建筑工业出版社，2003.

［54］万邦伟.老年人行为活动特征之研究［J］.新建筑，1994（4）：23-30.

［55］刘飖.老年人户外交往行为及其空间模式研究：以成都地区为例［D］.成都：西南交通大学，2011.

［56］苏保忠. 中国农村养老问题研究［M］. 北京：清华大学出版社，2009.

［57］涂爱仙. 欠发达地区机构养老的问题、原因及对策分析：基于海口市的调查［J］. 晋阳学刊，2015（5）：97-103.

［58］唐晋. 全球视野中的社保路径［M］. 北京：人民出版社，2009.

［59］杨燕绥，等. 政府与社会保障［M］. 北京：中国劳动社会保障出版社，2007.

［60］于晓琳，陈有国，曲孝原，黄希庭. 影响老年人主观幸福感的相关因素［J］. 中国心理卫生杂志，2016（6）：427-434.

［61］吴明隆. SPSS统计应用实务：问卷分析与应用统计［M］. 北京：科学出版社，2003.

［62］中华人民共和国建设部. 老年人建筑设计规范（JGJ 122—99）［S］. 北京：中国建筑工业出版社，1999.

［63］中华人民共和国建设部. 老年人居住建筑设计标准（GB/T 50340—2003）［S］. 北京：中国建筑工业出版社，2003.

［64］KAPLAN R, KAPLAN S.The experience of nature: a psychological perspective［M］. CUP Archive, 1989.

［65］VERENA H. MENCE. The relation between everyday activities and successful aging: A6-Year longitudinal study［J］. The journals of gerontology, 2003, 58B（2）：74-82.

［66］KEVIN RILEY, MELANIE A STANLEY. Research update: art programs for older adults［J］. Park & Recreation, 2006, 41（2）：22-27.

［67］STAN F F, GNJIDIC D, BLYTH F M, et al. How fast does the Grim Reaper walk? Receiver operating characteristic curves analysis in healthy men aged 70 and over［J］. BMJ, 2011, 15（343）：76-79.

［68］GARAVAGLIA G, LETTIERI E, AGASISTI T, et al. Efficiency and quality of care in nursing homes: an Italian case study［J］. Health care management science, 2011, 14（1）：22.

［69］GREENE L V., MONAHAN J D. Structural and operational factors affecting quality of Patient care in nursing homes [J]. Public policy, 1981, 29 (29): 399-415.

[70] MIRTA A. Fundamentals of quality control and improvement: solutions manual to accompany, third edition [M]. West Sussex, UK: Wiley, 2012.

[71] SOLVEIG ERLANDSEN, RAGNAR NYMOEN. Consumption and population age structure [J]. The journal of population economic, 2008, 21 (3): 505-520.

[72] NELSON M E, REJESKI W J, BLAIR S N, et al. Physical activity and public health in older adults: recommendation from the American College of Sports Medicine and the American Heart Association [J]. Circulation, 2007, 116 (9): 1094.

[73] PEG G. Classroom-based assesment: changing knowledge and practice through preservice teacher education [J]. Teaching and teacher education, 2005, 21 (6): 607-621.

[74] BRONFENBRENNER U. Toward an experimental ecology of human development [J]. American psychlilgist, 1977 (32): 513-531.

[75] SACKETT DL, ROSENBERG WM, GRAY JA, et al. Evidence based medicine: what it is and what it isn't [J]. BMJ, 1996, 312 (7023): 71-72.

[76] CUSTANCE D Y. Site planning and design for the elderly [M]. Wiley, 1993.

[77] RODIEK S D. Influence of an outdoor garden on mood and stress in older persons [J]. Journal of therapeutic horticulture, 2002 (13): 13-21.

[78] COUSINS S O. My heart couldn't take it: older women's beliefs about exercise benefits and risks [J]. Journals of gerontology, 2000, 55 (5): 283-294.

[79] MEYER K, REZNY L, BREUER C, et al. Physical activity of adults aged 50 years and older in Switzerland [J]. Sozial-und präaventivmedizin SPM, 2005, 50 (4): 218-229.

[80] DYE C J, SARA W. Beliefs of low-income and rural older women regarding physical activity: you have to want to make your life better [J]. Women &

Health, 2006, 43(1): 115-134.

[81] CHAD K E, REEDER B A, HARRISON E L, et al. Profile of physical activity levels in community-dwelling older adults [J]. Medicine and science in sports and exercise, 2005, 37(10): 1774-1784.

[82] REGER B, COOPER L, BOOTH-BUTTERFIELD S, et al. Wheeling walks: a community campaign using paid media to encourage walking among sedentary older adults [J]. Preventive medicine, 2002, 35(3): 285-292.

[83] KINGWC, BELLE S H, BRACH J S, et al. Objective measures of neighborhood environment and physical activity in older women [J]. American journal of preventive medicine, 2005, 28(5): 461-469.

[84] NAGEL C, CARLSON N M, MICHAEL Y. The relation between neighborhood built environment and walking activity among older adults [J]. American journal of epidemiology, 2008, 168(4): 461-468.

[85] LI F, FISHER K J, BAUMAN A, et al. Neighborhood influences on physical activity in middle-aged and older adults: a multilevel perspective [J]. J aging phys act, 2005, 13(1): 87-114.

[86] CERIN E, LESLIE E, OWEN N, et al. An australian version of the neighborhood environment walk ability scale: validity evidence [J]. Measurement in physical education and exercise science, 2008, 12(1): 31-51.

[87] FRANK L D, SCHMID T L, SALLIS J F, et al. Linking objectively measured physical activity with objectively measured urban form: findings from SMARTRAQ [J]. American journal of preventive medicine, 2005, 28(2): 117-125.

[88] BLAIR S N, KOHL H W, GORDON N F, et al. How much physical activity is good for health? [J]. Annual review of public health, 1992, 13(1): 99-126.

[89] DE BUSK R F, STENESTRAND U, SHEEHAN M, et al. Training effects of long versus short bouts of exercise in healthy subjects [J]. The American journal of cardiology, 1990, 65(15): 1010-1013.

[90] BENNETT K M. Gender and longitudinal changes in physical activities in

later life[J]. Age & Aging, 1998, 27, 3（3）: 24-28.

[91] KING A C, CASTRO C, Wilcox S, et al. Personal and environmental factors associated with physical inactivity among different racial-ethnic groups of U. S. middle-aged and older-aged women [J]. Health psychology official journal of the Division of Health Psychology American Psychological Association, 2000, 19（4）: 354-364.

[92] WILLIAM A. SATARIANO PH D MPH, Ma T J H, IRA B. TAGER MD MPH. Reasons given by older people for limitation or avoidance of leisure time physical activity [J]. Journal of the American Geriatrics Society, 2000, 48（5）: 505-512.

[93] YOUNG-SHIN LEE PH D, RN. Gender differences in physical activity and walking among older adults [J]. Journal of women & Aging, 2005, 17（1-2）: 55-70.

[94] CLARK D O, NOTHWEHR F. Exercise self-efficacy and its correlates among socioeconomically disadvantaged older adults.[J]. Health education & Behavior, 1999, 26（26）: 535-546.

[95] SARA WILCOX PH D, LARISSA OBERRECHT MS, MELISSA BOPP MS, et al. A qualitative study of exercise in older African American and white women in rural South Carolina: perceptions, barriers and motivations.[J]. Journal of women & Aging, 2005, 17（1-2）: 37-53.

[96] HIRVENSALO M, RANTANEN T, LAMPINEN P. Physical exercise in old age: an eight-year follow-up study on involvement, motivesand obstacles among persons age 65-84 [J]. Journal of aging & Physical activity, 1998, 6（2）: 157-168.

[97] ALLISON P D. Missing data: quantitative applications in the social sciences [J]. British journal of mathematical and statistical psychology, 2002, 55（1）: 193-196.

[98] RUBIN D B, SCHENKER N. Multiple imputation in health-are databases: an overview and some applications [J]. Statistics in medicine, 1991, 10（4）: 585-

598.

[99] LI F, FISHER K J, BROWNSON R C, et al. Multilevel modelling of built environment characteristics related to neighbourhood walking activity in older adults [J]. Journal of epidemiology and community health, 2005, 59（7）: 558-564.

[100] BOOTH M L, OWEN N, BAUMAN A, et al. Social-cognitive and perceived environment influences associated with physical activity in older Australians [J]. Preventive medicine, 2000, 31（1）: 15-22.

[101] KING W C, BRACH J S, BELLE S, et al. The relationship between convenience of destinations and walking levels in older women [J]. American journal of health promotion, 2003, 18（1）: 74-82.

[102] Rodiek S. A new tool for evaluating senior living environments [J]. Seniors housing & Care journal, 2008, 16（1）.

[103] Rodiek S D, Fried J T. Access to the outdoors: using photographic comparison to assess preferences of assisted living residents [J]. Landscape and urban planning, 2005, 73（2）: 184-199.

重要术语索引表

B

BMI指数　80

步行系统要素　143

C

场外空间要素　64

场内空间要素　64

Cronbach's *a* 系数　84

D

道路交通要素　135

E

二元逻辑回归　100

G

个体信息编码　79

关联度分析　100

公共服务设施要素　140

H

活动空间要素　142

J

健康行为　13

健康衰退　11

计划行为理论　50

介助型养老机构　75

K

康复效益　13

空间缺失　27

客观感知空间要素　65

L

老龄化系数　1

老龄化特征　7

量化编码　76

逻辑回归建模　84

李克特量表　80

绿化景观要素　138

M

描述性统计　86

N

内在信度　83

拟合度　86

R

人口老龄化　1

S

生理健康衰退　11

社会生态系统理论　50

生命亲和理论　50

社会生态模型　63

社会网络虚拟空间要素　64

设施系统要素　146

W

外部健康行为空间　25

外在信度　83

X

心理健康衰退　12

行为空间　25

信度分析　74

信任区间　100

行为干预措施要素　148

休闲活动空间要素　152

Y

养老产业政策　31

哑变量　80

优势比　86

优化策略　44

Z

总和生育率　2

政策转型升级　36

作用机理　41

知信行模式理论　179

注意力恢复理论　50

压力痊愈理论　50

主观感知空间要素　65

自理型养老机构　75